AF282179

VORWORT

Liebe Trainerinnen und Trainer,

für viele Sportler seid ihr eine der zentralen Vertrauenspersonen ihres jungen Lebens. Die Kinder und Jugendlichen schauen zu euch auf und schätzen euch als Ansprechpartner für weit mehr als nur den Sport. Mit eurer Arbeit tragt ihr also ganz wesentlich zur Entwicklung eurer Sportler bei. Wir möchten uns bei euch bedanken, dass ihr diese verantwortungsvolle Aufgabe übernehmt.

Dass ihr dieses Buch in der Hand haltet zeigt bereits, dass ihr eure Aufgabe ernst nehmt. Über Euer Interesse an unserer Arbeit und unseren Methoden freuen wir uns. Der Leitfaden Jugend- fußball verschafft Trainern einen umfangreichen Überblick über die wichtigsten Phasen des Kin- der- und Jugendtrainings und über die verschiedenen inhaltlichen Aspekte des Fußballtrainings. Er hilft Euch, die Trainingsplanung und Trainingsdurchführung zu optimieren.

Wir haben die Materialien jahrelang gesammelt und anhand unserer Erfahrungen zusammenge- stellt. Viele Inhalte werden von euch sicher bereits in der Praxis angewendet, einiges wird aber auch neu sein. Gute Trainer zeichnet die Bereitschaft aus, ihr Verhalten zu reflektieren, zu über- denken, es neu zu gestalten oder, falls nötig, zu verändern.

Wir erheben keinen Anspruch auf Vollständigkeit oder Einzigartigkeit. Sprecht uns gerne an, wenn ihr Hinweise oder Rückfragen habt. Mit der Anpfiff ins Leben Vereinsberatung fördern und unter- stützen wir darüber hinaus die Anwendung unseres Leitfadens und unserer Methoden in eurem Verein, z.B. mit Fortbildungen vor Ort.

Wir wünschen euch viel Spaß beim Lesen und viel Erfolg bei der Umsetzung!

Euer Herausgeberteam

Matthias Born, Markus Gaber, Hannes Heist, Jiri Jung
Vereinsführung und Koordination Sport

> Aus Gründen der besseren Lesbarkeit wird bei Personenbezeichnungen und personenbezogenen Hauptwörtern die männliche Form verwendet. Entsprechende Begriffe gelten im Sinne der Gleichbehandlung grundsätzlich für alle Geschlechter.

ANPFIFF INS LEBEN

ÜBER ANPFIFF INS LEBEN

Anpfiff ins Leben e.V. wurde vor mehr als 20 Jahren von Dietmar Hopp und Anton Nagl gegründet. Seit 2001 werden junge Sportler in den Bereichen Sport, Schule, Beruf und Soziales gefördert und auf die Herausforderungen auch abseits des Sportplatzes vorbereitet. Anpfiff ins Leben steht für eine innovative und erfolgreiche Förderung des Jugendfußballs. Inzwischen trainieren unter dem Dach von Anpfiff ins Leben wöchentlich ca. 310 Trainer und mehr als 2000 Kinder und Jugendliche.

Mit einer guten Infrastruktur in unseren sechs Förderzentren sowie der hohen Fachkompetenz der vor Ort Aktiven, stehen wir für modernste Trainings- und Bildungsarbeit in den jeweiligen Alters- und Leistungsstufen. Sport verstehen wir als Motor und Motivator auch für die schulische Förderung, berufliche Orientierung und soziale Entwicklung unserer Nachwuchssportler. Diese 360°-Förderung von Jugendfußballern ist der Schwerpunkt unserer Arbeit. Erfolg messen wir nicht nur an den Spielergebnissen, sondern in erster Linie daran, wie die Kinder und Jugendlichen sich als Sportler und als Menschen weiterentwickeln.

Mit dem Leitfaden Jugendfußball haben wir ein Instrument entwickelt, das diese individuelle Förderung ermöglicht. Unsere langjährige Erfahrung zeigt, dass wir anhand dieses Leitfadens eine sportliche Ausbildung schaffen, die allen Spaß macht, großartige Erfolge bringt und im Sinne unseres Mottos Perspektiven schafft – im Leistungs- wie im Breitensport.

INHALTSVERZEICHNIS

2. AUFBAU

Der Aufbau unseres Leitfadens bietet Trainern eine praktische Hilfestellung bei der Zuordnung von verschiedenen Trainingsschwerpunkten und Trainingsinhalten zu den entsprechenden Altersklassen an. Die wichtigsten methodischen, didaktischen und fußballspezifischen Inhalte der einzelnen Altersstufen werden stichwortartig aufgezählt.

Fußballspezifische Fertigkeiten (Technik), Taktik, Torwartspiel, Koordination, Schnelligkeit, Ausdauer, Kraft und Beweglichkeit stellen die Schwerpunkte dar, zu denen wir Handlungsempfehlungen geben. Die Inhalte in den folgenden Kapiteln basieren auf unserer langjährigen Praxiserfahrung und orientieren sich an Standards, Trends und Vorgaben für ein zeitgemäßes und altersgerechtes Jugendtraining.

Wir haben die Altersstufen in drei Bereiche unterteilt:

Grundlagenbereich: U6 – U11 / G-Junioren, F-Junioren, E-Junioren
Aufbaubereich: U12 – U15 / D-Junioren, C-Junioren
Leistungsbereich: U16 – U19 / B-Junioren, A-Junioren

Vor der Vertiefung der Bereiche werden jeweils als Einführung die Lernziele, Leitlinien und physischen Merkmale der Kinder und Jugendlichen dargestellt, sowie ein Überblick über die Gewichtung der Trainingsinhalte. Diese unterscheiden sich in den aufeinanderfolgenden Jahrgängen nicht unbedingt im Inhalt, aber eben in der Gewichtung. Diese sollte vom Trainer zur Orientierung beachtet und in der Praxis umgesetzt werden.

DIE TRAININGSINHALTE WERDEN NACHFOLGEND IN FÜNF BEREICHE UNTERGLIEDERT:

Technik
Torwartspiel
Koordination
Kondition
Taktik

Wichtig dabei ist, dass die inhaltlichen Übergänge zwischen den einzelnen Ausbildungszeiten bzw. Altersklassen als fließend und ineinander übergehend anzusehen sind.

Praxistipps zu den jeweiligen Themen sind stichwortartig aufgelistet und eingerahmt zu finden. Am Ende jeder Altersklasse wird nochmal ein komprimierter Überblick über die wesentlichen Inhalte dargestellt.

WIR UNTERSCHEIDEN GENERELL FOLGENDE PHASEN DES LERNENS:

	0. Phase: FRÜHEINSTIEG	Früher Einstieg ins Neuerlernen in grober Form bei ausreichender Spielerqualität
1	**1. Phase: ERLERNEN**	Kennenlernen und Neuerlernen in grober Form
2	**2. Phase: STABILISIEREN**	Stabilisieren und kontrolliertes Anwenden des Erlernten
3	**3. Phase: AUTOMATISIEREN**	Automatisieren unter Präzisions-, Zeit-, Raum-, Gegnerdruck
4	**4. Phase: VERFEINERN**	Verfeinern und Perfektionieren der Abläufe und Umsetzungen

Diese Phasen des Lernens finden in den Bereichen Technik und Torwartspiel Anwendung. Im Bereich Taktik verzichten wir in unserer Einteilung auf die Phase des Verfeinerns. Hier ist die dritte Phase die finale Lernphase. Die Bereiche Koordination und Kondition werden nicht in unterschiedliche Lernphasen eingeteilt. Stattdessen sind Übungen, die in der jeweiligen Altersklasse erstmals trainiert werden sollen, als solche gekennzeichnet. Bereits in vorherigen Altersklassen aufgeführte Übungen sollten in höheren Altersklassen mit einer erhöhten Intensität und Komplexität trainiert werden.

9

2.1. TECHNIKEN – ÜBERBLICK NACH ALTERSKLASSEN

FINTEN

Aktion		G-Jun.	F/U8	F/U9	E/U10	E/U11	D/U12	D/U13	C/U14	C/U15	B/U16	B/U17	A/U18	A/U19
Ball kontrollieren lernen		*	*											
Finten – spielereigene Ausführungen und Variationen														
Gegner frontal	Körpertäuschung, Tip-Tap													
	Wischer, Matthews													
	Übersteiger, Rivelino													
	Ronaldo, Torschussfinte													
Gegner im Rücken	Schere													
	Pirouette, Schieber, Eindrehen													
Gegner seitlich	Sohlenzieher, Zidane													
	Torschussfinte, Lokomotive													
Doppelfinten														
Komplexe Fintenkombinationen														

* Bereits hier die Beidfüßigkeit fördern! Übungen zur Ballkontrolle.

DRIBBLING

Aktion	G-Jun.	F/U8	F/U9	E/U10	E/U11	D/U12	D/U13	C/U14	C/U15	B/U16	B/U17	A/U18	A/U19
Ball kontrollieren beim Gehen, Traben		*											
Ballführung – Spann und Sohle													
Ballführung – Innenseite und Außenseite													
Dribbling – Richtungsänderung mit Innenseite, Außenseite, Sohle													
Dribbling – Abkappen mit Innenseite, Außenseite													
Dribbling – enger Raum – Ballsicherung – Innenseite, Außenseite, Sohle													
Dribbling – Spielübersicht (Radarblick 360°- Orientierung)													
Tempodribbling – raumüberwindendes Dribbling – Vollspann, Außenspann													
Dribbling – Tempowechsel – Innenseite, Außenseite, Vollspann, Außenspann													
Dribbling – Gegner überwinden – Innenseite, Vollspann, Außenspann													

* Bereits hier die Beidfüßigkeit fördern! Haltungsschaden beachten (keine Innenseite).

FRÜHEINSTIEG   1 ERLERNEN   2 STABILISIEREN   3 AUTOMATISIEREN   4 VERFEINERN

SCHUSSTECHNIKEN (TORABSCHLUSS – TA)

Aktion	G-Jun.	F/U8	F/U9	E/U10	E/U11	D/U12	D/U13	C/U14	C/U15	B/U16	B/U17	A/U18	A/U19
Ball ins Tor schießen	*	*	**	**	**	**	**						
TA mit Vollspann													
TA mit Innenseite, Innenspann													
TA mit Außenspann													
TA mit Spitzkick – kurze Distanz													
TA halbhoher/hoher Ball – Volley – Innenseite, Vollspann													
TA halbhoher/hoher Ball – Dropkick – Vollspann, Außenspann													
TA hoher Ball – Kopfball – gerader und schräger Kopfball													
TA Hüftdrehstoß													
TA halbhoher Ball – Flugkopfball													
TA Fallrückzieher													

* Bereits hier die Beidfüßigkeit/Beidseitigkeit fördern! Haltungsschaden beachten (keine Innenseite).
** Kein verstärktes Kopfballtraining – Luftballons, Plastik- oder Schaumbälle – ans Kopfballspiel heranführen.

FRÜHEINSTIEG 1 ERLERNEN 2 STABILISIEREN 3 AUTOMATISIEREN 4 VERFEINERN

PASSEN

Aktion	G-Jun.	F/U8	F/U9	E/U10	E/U11	D/U12	D/U13	C/U14	C/U15	B/U16	B/U17	A/U18	A/U19
Kontrolliert Ballspielen lernen (passen) – beidfüßig	*	*											
Spann in Grobform – kurze Distanz													
Innenspann – flach, kurze Distanz – Stand, aus der Bewegung													
Innenseite, Außenseite – flach, kurze Distanz – Stand, aus der Bewegung													
Innenspann, Vollspann, Außenspann – flacher Pass – längere Distanz													
Innenspann (Flanke) – hoch, lange Distanz – Stand, aus der Bewegung													
Schräger Vollspann (Flugball) – lange Distanz – Stand, aus der Bewegung													
Außenspann (Flanke) – hoch, lange Distanz – Stand, aus der Bewegung													
Druckpass – Innenseite, Innenspann, Außenspann, Vollspann													

* Passtechniken noch kein Trainingsschwerpunkt! Beidfüßigkeit fördern! Haltungsschaden beachten (keine Innenseite).

BALLANNAHME (BA) / BALLMITNAHME (BM)

Aktion	G-Jun.	F/U8	F/U9	E/U10	E/U11	D/U12	D/U13	C/U14	C/U15	B/U16	B/U17	A/U18	A/U19
Schnelles Stoppen des Balles	*	*											
BA – flaches Zuspiel – Sohle, Innenspann – Ball totstoppen													
BA – flaches Zuspiel – Innenseite, Außenseite													
BM – flaches Zuspiel – Innenseite (über das Standbein), Außenseite													
BM – flaches Zuspiel – Innenseite (über das Spielbein) – offene Stellung													
BA – halbhohes/hohes Zuspiel – Innenseite, Oberschenkel													
BA – hohes Zuspiel – Vollspann, Außenseite, Oberschenkel, Brust, Kopf													
BM – halbhohes/hohes Zuspiel – Innenseite, Außenseiten, Vollspann													
BM – hohes Zuspiel – Oberschenkel, Brust, Kopf													

* BA/BM Techniken noch kein Trainingsschwerpunkt! Beidfüßigkeit fördern! Haltungsschaden beachten (keine Innenseite).

12

FRÜHEINSTIEG   1 ERLERNEN   2 STABILISIEREN   3 AUTOMATISIEREN   4 VERFEINERN

2.2. TAKTISCHE INHALTE – ÜBERBLICK NACH ALTERSKLASSEN

Aktion	G-Jun.	F/U8	F/U9	E/U10	E/U11	D/U12	D/U13	C/U14	C/U15	B/U16	B/U17	A/U18	A/U19
*Wechselnde Positionen Feldspieler													
*Positionsspezifische Taktikschulung Feldspieler													
*Wechselnde Position Torwart													
*Feste Torwartposition und torwartspezifisches Spiel													
Spielerisches Kennenlernen des Zusammenspiels													
Spielerisches Kennenlernen der Grundregeln													
Situationen 1:1, 2:1, 2:TW, 3:1 usw. erleben													
Sich Anbieten – anspielbar sein													
Aktives Mitspielen													
Schnelles Umschalten													
Freilaufen, Freilaufbewegungen – Individualtaktik													
1 gegen 1 defensives Verhalten – Individualtaktik													
1 gegen 1 offensives Verhalten – Individualtaktik													
Spielfortsetzung ‚Passen' – Individualtaktik													
Gleichzahl-Situationen – Gruppentaktik													
Überzahl-Situationen – Gruppentaktik													
Unterzahl-Situationen – Gruppentaktik													
Stürmerverhalten vor dem Tor – Gruppentaktik													
Zusammenspiel MF/ST – Gruppentaktik (Individualtaktik)													
Ballorientiertes Spiel (BOS) – Gruppentaktik													
Standards Offensive – Einwurf, Eckball													
Standards Defensive – Raum- und Manndeckung													
Spielaufbau – Gruppentaktik, Mannschaftstaktik													
Konterspiel – Gruppentaktik													
Pressingsituationen – Gruppentaktik													
Pressingsituationen – Mannschaftstaktik													
Ballorientiertes Spiel (BOS) – Mannschaftstaktik													
Variabilität und Umsetzung verschiedener Systeme													

1 FRÜHEINSTIEG ERLERNEN 2 STABILISIEREN 3 AUTOMATISIEREN 4 VERFEINERN

360°

INDIVIDUALTAKTIK

Individualtaktik – offensiv – ohne Ball	
Am Spiel aktiv teilnehmen	Anspielbar sein, Anspielstationen schaffen, dem Mitspieler am Ball helfen / Anspielstationen schaffen, Ball haben wollen, sich anbieten
Täuschungsbewegungen beim Freilaufen	Lang-kurz kommen, kurz-lang gehen, rechts-links laufen
Freilaufen und Anspielbarkeit	Aus dem Deckungsschatten raus, schräges Kommen, geschlossen/offen stehen, gegen die Lauf-/Ballrichtung gehen
Stürmerverhalten	Tiefe halten, schräges Kommen, nicht zu nah entgegenkommen, Gegner decken/kontrollieren
Offene Stellung – spieloffensiv	Offen zum Gegner/Spielfeld/Spielgeschehen stehen
Vororientierung – Schulterblick	Bewegung von Ball, Mit- und Gegenspieler erfassen u. analysieren, Lösungsoptionen vorbereiten
Passfenster öffnen	Platz machen durch Positionswechsel, kurz kommen – lang gehen, rechts oder links kommen

Individualtaktik – offensiv – im Ballbesitz	
Ballabschirmen	Körper zwischen Ball und Gegner, den Ball mit gegnerfernem Bein kontrollieren
BM in den Lauf/ gegen die Laufrichtung des Gegners	BM mit dem Spielbein/über das Standbein in die Spielrichtung, BM nach Laufrichtung des Gegenspielers
BA totstoppen – Ball mit 2. Kontakt weiterleiten	BA am engen Raum, schnell oder langsam spielen, rechts stoppen-links / links spielen-rechts passen
Gegner schräg andribbeln	Gegner ins Laufen bringen mit Anschlussaktion – Passen, Laufrichtungsänderung, Gegner binden
Gegner auf den falschen Fuß locken	Mit Hilfe einer Finte die Laufrichtung vortäuschen und Platz schaffen, um vorbeizustarten
Ball in den Fuß spielen – gegnerfern	Mitspieler mit Druck im Rücken, den richtigen Fuß anspielen
Ball in den Lauf spielen/ durchstecken	Mitspieler mit dem Pass zur Handlung auffordern / den Ball in freien Raum passen

Individualtaktik – defensiv – Gegner am Ball	
Anlaufen – Distanz zum Gegner verkleinern	Druck erhöhen, Deckungsschatten vergrößern, Pass in die Tiefe/Schuss verhindern, Querpass provozieren
Gegner verlangsamen	Zeit gewinnen, auf Hilfe warten
Den Blick auf den Ball richten	Ball beobachten, nicht auf Körpertäuschungen reagieren
Das Tempo des Gegners aufnehmen	Auf den Fußballen leichtfüßig mit den Fußspitzen in die Laufrichtung stehen, um Tempo aufzunehmen
Innere Linie (zum Tor) zumachen – Situation am Flügel	Ball in die Schnittstelle ablaufen oder verhindern
Eine Seite anbieten – Situation im Zentrum	Gegner steuern und dadurch die Folgeaktion einleiten/erwarten/kennen
Gegner lenken	Lenken zum Mitspieler, zu eigener starken Seite, zu schwacher Seite des Gegners, zu kleinerer Torgefahr
Ball erobern – richtige Situation erkennen	Balleroberungstechniken, eigenen Körper einsetzen zwischen Ball und Gegenspieler reinschieben
Nicht drehen lassen – Gegner mit Rücken zum Tor	Halber-Arm-Abstand Regel, tiefer Schwerpunkt, leichtfüßig, Ball beobachten

Individualtaktik – defensiv – Gegner ohne Ball	
Gegner überlappend decken	Näher zum Tor stehen, Bälle in die Tiefe und Schnittstellen verhindern, kompakt an nahem Mitspieler stehen
Abstand zum Gegner beachten	Dem Gegenspieler durch Körperkontakt keine Info über eigene Position geben
	Näher zum eigenen Tor, um das Tempo und die Laufrichtung des Gegners abfangen zu können (überlappend stehen)
Spielgeschehen und Gegner im Blick haben	Kontrolle über Ball und Gegenspieler nicht verlieren
Das Zuspiel antizipieren und eventuell abfangen	Abstand halten, auf Ballgewinn gehen in Abhängigkeit der Position und dem Spielfeldbereich
Sich nicht täuschen lassen	Ball beobachten, nicht auf die Körpertäuschungen des Gegenspielers hereinfallen

GRUPPENTAKTIK

Gruppentaktik	
Gleichzahl Offensive	Mutig sein, 1 gegen 1 suchen, Kombinationsspiel (Doppelpass, direktes schnelles Spiel), Gedankenvorsprung nutzen
Gleichzahl Defensive	Druck auf den Ball, attackierenden Mitspieler absichern, die Gegenspieler ohne Ball im Auge behalten
Überzahl Defensive	Aktiv den Ball erobern wollen, Frage: „Wer attackiert, wer agiert vorsichtig?" klären
Unterzahl Defensive	Zeit gewinnen, sich fallen lassen, aus Unterzahl mit geschicktem Anlaufen Gleichzahl schaffen
Überzahl Offensive	Gegner direkt andribbeln, um Gegner zu binden und freien Mitspieler anzuspielen, so wenig Pässe wie möglich (Zeitverlust)
Unterzahl Offensive	Mutig sein, Ball sichern, auf Unterstützung warten, Kombinationsspiel, Gedankenvorsprung nutzen

Gruppentaktik – offensiv – Zusammenspiel Mittelfeld und Sturm	
Doppelpass im Zentrum	Gegenspieler in falsche Richtung locken, nach dem Pass explosiv die Laufrichtung wählen, Mitspieler auf den richtigen Fuß anspielen
Doppelpass am Flügel	Nach Innen locken – nach Außen gehen (Flanke), nach Außen locken – nach Innen gehen (TA)
Spiel über den Dritten	Mit steilem Ball einen Dritten anspielen, Bereitschaft am Spiel teilzunehmen – Anspielstation
Hinterlaufen	Abstände zwischen Spielern nicht zu groß, Spieler nimmt den Ball und so den Gegenspieler mit (Platz für das Hinterlaufen schaffen)
Tief-Klatsch Passfolge	Überspielen einer Reihe, ballnaher Spieler schaltet sich ein und fordert den Ball (Klatsch), sucht den freien Raum
Übergeben-Übernehmen	Timing und Absprache, Gegenspieler mitnehmen und durch kreuzen aus dem Spiel nehmen

Gruppentaktik – offensiv – Stürmerverhalten vor dem Tor	
Raumaufteilung vorm Tor	Besetzung der wichtigen Räume – 1. und 2. Pfosten, Tormitte, Rückraum
Kreuzen der Stürmer	Ballnaher Spieler fängt die Kreuzbewegung an, ballferner Spieler sprintet mit richtigem Timing und vollem Tempo auf 1. Pfosten

Gruppentaktik – defensiv – Ballorientiertes Spiel	
Verschieben	Kompakt zusammen agieren, Abstände stabil halten
Absichern	Mitspieler absichern, den Ball ablaufen, Gegenspieler übernehmen
Kommunizieren	Sich gegenseitig coachen, verbal helfen
Doppeln	Einer stellt den Gegenspieler und agiert auf Zeitgewinn, anderer Spieler agiert aktiv gegen Ball
Übergeben-Übernehmen	Sich nicht rauslocken lassen, falls die Gegenspieler kreuzen oder den Verteidigungsraum verlassen

Gruppentaktik – offensiv – Standards	
Einwurf eigene Spielfeldhälfte	Kein Risiko eingehen und Ball aus der Gefahrenzone spielen
Einwurf im Mittelfeld	Im Ballbesitz bleiben
Einwurf gegnerische Spielfeldhälfte	Mit Risikobereitschaft zum TA kommen
Eckballvarianten	Positionen beim Eckball, alle Spieler hinter dem 2. Pfosten oder am 1. Pfosten, kreuzen, kurze Variante, Ball auf 16er spielen + TA usw.
Freistoßvarianten	Kombinationen und Laufwege einstudieren

MANNSCHAFTSTAKTIK

Mannschaftstaktik – defensiv und offensiv	
Ballorientiertes Spiel	Verteidigungshöhe, Verschieben, Räume eng machen, Passwege zu machen, Absichern, Überzahl schaffen, Ball erobern wollen, Abseits nutzen
Spielaufbau	AV blank spielen, situativ aus der 3er Kette, hochstehende AV, Sturmreihe mit 3 bis 4 Spielern besetzen, Spielverlagerung
Spielsysteme	4er Kette, 3er Kette, Variabilität der Spielsysteme, Spielsystem situativ wechseln (Offensive-Defensive)
Eckball defensiv	Manndeckung vs. Raumdeckung, Frage: „Wie viele Spieler verteidigen im Strafraum?" klären, Besetzung der Pfosten festlegen
Freistoß defensiv	Manndeckung vs. Raumdeckung, Höhe der Verteidigung bei einem Freistoß aus dem Halbfeld (tief oder hoch stehen)
Pressingsituationen	Angriffspressing, Mittelfeldpressing (im Zentrum oder Außen), Abwehrpressing

3. GRUNDLAGENBEREICH U6-U11

LERNZIELE

G-JUNIOREN (U6/U7)
Bewegungsalter
- Ganzheitliche Förderung aller Kinder
- Spielerisches Kennenlernen des Balles
- Bewegungsgeschick und -freude
- Spielfreude
- Kennenlernen einfacher Grundregeln des Mit- und Gegeneinanderspielens

F-JUNIOREN (U8/U9)
Spielalter
- Kinder begeistern
- Spielerisches Kennenlernen der Grundtechniken
- Fußballspielen lernen – Straßenfußball im Verein
- Freude am Fußballspielen
- Einfache taktische Tipps vermitteln (Tore schießen – Tore verhindern)
- Motivation zur Bewegung durch vielseitige sportliche Aktivitäten

E-JUNIOREN (U10/U11)
Spielalter
- Spielerisch Fußball lernen
- Spielerisches Kennenlernen auch komplexer Techniken
- Beidfüßigkeit
- Fußballspielen lernen – Straßenfußball im Verein
- Siegen und Verlieren lernen
- Fordern und fördern von Individualität

PHYSISCHE UND PSYCHISCHE MERKMALE

G-JUNIOREN (U6/U7)
- Hoher Bewegungs-, Spieldrang
- Geringes Konzentrationsvermögen
- Schwache Muskulatur
- Geringe Koordination
- Hohe Beweglichkeit
- Werden schnell müde
- Sind neugierig
- Starker Trainerbezug aber auch stark auf sich bezogen
- Ausgeprägte Phantasie

F-JUNIOREN (U8/U9)
- Große Bewegungs-, Spielfreude
- Geringes Konzentrationsvermögen
- Schwache Muskulatur
- Koordinative Defizite
- Große Lust am Wetteifern
- Große Sensibilität
- Geringes Selbstbewusstsein
- Starke Orientierung an erwachsenen Vorbildern

E-JUNIOREN (U10/U11)
- Große Bewegungs-, Spielfreude
- Verbessertes Konzentrationsvermögen
- Ausgewogenheit zw. Körpergröße und Muskulatur
- Verbesserte Koordination und Bewegungsgeschick
- Große Leistungsbereitschaft
- Großer Lerneifer
- Gesundes Selbstbewusstsein
- Bessere Auffassungsgabe und besseres Beobachtungsvermögen

LEITLINIE FÜR TRAINER

G-JUNIOREN (U6/U7)

- Ideen und Vorschläge berücksichtigen
- Den Kindern Freiheiten lassen
- Konsequent sein, Grenzen setzen
- Orientierung mit festen Ritualen schaffen
- Auf Stärken der Kinder konzentrieren
- Kindgerechte Sprache wählen
- Kinder niemals bloßstellen
- Lebenshintergründe kennen

F-JUNIOREN (U8/U9)

- Eigeninitiative, Ideen fördern
- Für vertrauensvolle Atmosphäre sorgen
- Wenige, aber klare Regeln
- Ausprobieren und freies Spielen fördern
- Geduld haben, nicht schnell eingreifen
- Viel loben
- Authentisch sein
- Keine Ironie
- Lebenshintergründe kennen

E-JUNIOREN (U10/U11)

- Ideen und Vorschläge berücksichtigen
- Freiräume schaffen
- Regeln gemeinsam bestimmen
- Viel loben – Selbstvertrauen fördern
- Leistung auch bei Niederlagen anerkennen
- Vorbildfunktion erfüllen
- Authentisch sein, keine Rolle spielen
- Lebenshintergründe und außersportliche Probleme kennen
- Aufmerksam beobachten

19

GEWICHTUNG DER INHALTE

G-JUNIOREN (U6/U7)

30%
Kleine Fußballspiele

30%
Einfaches Laufen und Bewegen

20%
Kleine Spiele mit Ball

20%
Einfache Aufgaben mit dem Ball

F-JUNIOREN (U8/U9)

30%
Freies Fußballspielen in kleinen Teams

10%
Vielseitiges Laufen und Bewegen

30%
Spielerisches Kennenlernen der Basis-Techniken

30%
Vielseitige Aufgaben und Spiele mit Ball

E-JUNIOREN (U10/U11)

30%
Fußballspielen in kleinen Teams

10%
Vielseitige sportliche Aktivitäten

40%
Kindgemäße Technik-Übungen

20%
Vielseitige Aufgaben und Spiele mit Ball

20

3.1. G-JUNIOREN (U6/U7)

Die G-Junioren haben einen hohen Bewegungs- und Spieldrang. Der Spaß mit dem Ball steht für die Kinder im Vordergrund und weniger das Passspiel mit den Mitspielern. Sie sind verspielt und wollen selbst dribbeln und Tore schießen. Trotzdem sollen sie hier bereits die Grundregeln des Spiels kennenlernen.

Durch ihre Neugierde möchten sie Neues entdecken und Erfahrungen sammeln. Die starke Phantasie der Kinder kann gut genutzt werden, um Spiele in Geschichten zu verpacken und sie dadurch leichter zu begeistern. Dabei muss man wissen, dass sie sich oft nicht lange konzentrieren können und schnell durch Mitspieler oder andere äußere Einflüsse abgelenkt sind.

In ihrem Verhalten orientieren sich die Kinder sehr stark an dir als Trainer – du bist für sie ein Vorbild, wirst aufmerksam beobachtet und bist ein entscheidender Bezugspunkt. Trotzdem sind sie sehr mit sich selbst beschäftigt und können sich nur schwer in die Mitspieler oder andere Situationen hineinversetzen.

Der Körper an sich hat noch eine sehr schwache Muskulatur und geringe Koordination, jedoch hohe Beweglichkeit. Da es für viele Kinder die ersten sportlichen Erfahrungen sind, müssen sie sich daran erst einmal gewöhnen, werden schnell müde und benötigen deshalb kurze Pausen zwischendurch.

Wichtig in dem Alter ist es, ein Herz für Kinder zu haben. Idealerweise kennst du ihre Lebenshintergründe und die unterschiedlichen Charaktere der Kinder. Du solltest Ideen und Vorschläge berücksichtigen, ihnen Freiheiten lassen und dabei trotzdem konsequent sein und Grenzen setzen. Durch feste Rituale kannst du ihnen Orientierung verschaffen. Sei stets auf die Stärken der Kinder fokussiert, wähle eine kindgerechte Sprache und stelle sie niemals bloß.

21

G-JUNIOREN (U6/U7)

TRAININGSINHALTE

30%
Kleine Fußballspiele

30%
Einfaches Laufen und Bewegen

20%
Kleine Spiele mit Ball

20%
Einfache Aufgaben mit dem Ball

EINFACHES LAUFEN UND BEWEGEN
– Ausgleich von Bewegungsmangel – einfach Bewegen und Laufen lassen
– Erproben der Möglichkeiten des eigenen Körpers (krabbeln, rückwärtsgehen, seitlich rollen, springen usw.)
– Steigerung der Bewegungsfreude

PRAXISTIPPS
– Einfache Regeln
– Kurze Erklärungen
– Übungen selbst demonstrieren
– Bildhafte Sprache (Phantasiewelt der Kinder nutzen)

EINFACHE AUFGABEN MIT BALL
– Kennenlernen unterschiedlicher Bälle (groß/klein, glatt/rau) und anderer motivierender Hilfsmittel (Luftballons, Matten)
– Das Verhalten eines fliegenden, rollenden, hüpfenden Balles kennenlernen
– Unterschiedliche Bewegungen zur Steigerung der Geschicklichkeit und Sicherheit am Ball (nicht nur mit dem Fuß, sondern auch mit der Hand)

PRAXISTIPPS
– Schwierigkeit der Aufgaben an das Können der Kinder anpassen
– Übungen selbst demonstrieren
– Herausfordernd verpacken – „Wer schafft es …?"
– Loben!

KLEINE SPIELE MIT BALL

– Schnelles Orientieren im Raum
– Spielübersicht und Erfassen der Situation
– Vorausschauendes Erkennen der Situation (Antizipation)
– Kennenlernen der Basistechniken des Spiels mit Ball
– Kreativität, Spielfreude, gegenseitige Unterstützung

PRAXISTIPPS

– Keine monotonen Übungen
– Einfache Aufgaben und Regeln
– Viele Ballkontakte und Aktionen

KLEINE FUSSBALLSPIELE

– Spaß und Freude am Fußballspielen, Steigerung der Motivation für den Fußball
– Spielerisches Kennenlernen der technisch-taktischen Grundelemente
– Viele Ballkontakte für jedes Kind, viele Torschussaktionen

PRAXISTIPPS

– Frei spielen lassen – wenig korrigieren
– In kleinen Teams spielen lassen (viele Ballkontakte, Aktionen)
– Unterschiedliche Tore (Dribbeltore, kleine/große Tore, Bänke usw.)
– Möglichst gleich starke Teams bilden

G-JUNIOREN (U6/U7)

TECHNIK

> Fußballspezifische Inhalte stehen im Bereich G-Junioren nicht primär im Vordergrund, trotzdem können sie je nach Entwicklungsstand des Kindes vermittelt werden.

BALLFÜHREN/DRIBBELN

1 Kontrolliertes Vorwärtsbewegen des Balles mit dem Fuß – ohne Vorgabe – nie mit der Innenseite!

SCHUSSTECHNIKEN (TA)

1 Schießen und das Ziel treffen – Kennenlernen von Vollspann
  → Haltungsschäden: keine Innenseite!
  – Mit ruhendem Ball
  – Mit selbstvorgelegtem Ball
  – Mit Direktabnahme des Balles

PASSTECHNIKEN

1 Passtechniken nicht als Trainingsschwerpunkt, eventuell Partnerübungen ohne Technikvorgaben

BALLANNAHME / BALLMITNAHME

1 Schnelles Stoppen des Balles und kein Aufdrehen des Fußes zur Innenseite verlangen → Haltungsschäden!

KEIN VERSTÄRKTES KOPFBALLTRAINING – VERLETZUNGSGEFAHR!

1 Mit Luftballons, Plastik- oder Schaumbällen an das Kopfballspiel heranführen

TORWARTSPIEL

NOCH KEIN FESTER TORWART

1 Jeder ist mal im Tor
1 Spaß am Torwartspiel vermitteln

FRÜHEINSTIEG   ERLERNEN   STABILISIEREN   AUTOMATISIEREN   VERFEINERN

KOORDINATION

– Vielseitige Bewegungs- und Laufschulung (vorwärts, rückwärts)
– Gleichgewichtsfähigkeit: Hindernisparcours, Sprünge
 (einbeinig/zweibeinig), Einbeinstand
– Reaktionsfähigkeit: Lauf-, Fang- und Tummelspiele, reagieren auf
 akustische und optische Signale
– Differenzierungsfähigkeit: Einsatz von verschiedenen Bällen
 beim Werfen, Kicken, Rollen, Fangen

KONDITION

– Lauf-, Fangspiele, Staffelwettbewerbe, Slalomlauf
 (Fördern des schnellen, geschickten Laufens)
– Hindernisparcours mit Springen, Hüpfen und vielseitigen
 Bewegungsaufgaben

> Kein klassisches Konditionstraining
> (wie z.B. Rundenlaufen, Waldlauf, Diagonalläufe)

TAKTIK

1 Spielerisches Kennenlernen der taktischen Grundelemente des Fußballs
 – Zusammenspielen
 – Tore schießen, Tore verteidigen

1 Spielerisches Kennenlernen der Grundregeln
 – Foulspiel
 – Ball im Aus
 – Handspiel usw.
 – Entscheidung des Schiedsrichters akzeptieren lernen/Fair Play Liga Modus

1 Keine festen Positionen – jeder soll alle Positionen kennenlernen

25

G-JUNIOREN (U6/U7)
ÜBERBLICK DER TRAININGSINHALTE

Technik

- Grundlagen der Ballführung, Ballstoppen
- Erste Schussversuche
→ Insgesamt eher im Hintergrund

Torwart

- Kein fester Torwart
- Spaß am Torwartspiel vermitteln

Koordination

- Bewegungsschulung
- Gleichgewicht, Reaktion, Differenzierung
  erlernen

Kondition

- Spaß am Bewegen

Taktik

- Erstes Zusammenspielen
- Grundregeln kennenlernen

3.2. F-JUNIOREN (U8/U9)

Bei den F-Junioren haben die Kinder bereits erste Erfahrungen mit dem Ball. Die Muskulatur der Kinder ist noch schwach, teilweise haben sie noch große koordinative Defizite aber trotzdem eine extrem große Bewegungs- und Spielfreude und stecken voller Energie. Deshalb sind viele kleine Übungen ohne lange Wartezeiten wichtig. Erklärungen sollten immer kurz und leicht verständlich sein, da es den Kindern schwer fällt sich lange zu konzentrieren und sie sich schnell von äußeren Einflüssen ablenken lassen. Bei den Übungen mögen die Kinder kleine Wettkämpfe und messen sich gerne miteinander.

Als Trainer solltest du darauf achten, dass jeder Spieler Erfolgserlebnisse hat. Obwohl viele Kinder in diesem Alter schon sehr selbstbewusst wirken, sind sie innerlich oft noch labil. Verteilst du Lob, sollte es immer ehrlich und motivierend sein.

Als Trainer bist du eine wichtige Bezugsperson und wie ein Freund für die Kinder. Deshalb solltest du dir stets bewusst sein, dass du ihr Vorbild bist und sie sich an deinem Verhalten orientieren. Ziel des Trainings ist es, die Kinder zu begeistern. Sie sollen die Grundtechniken spielerisch kennenlernen und Freude am Fußballspielen entwickeln. Als Trainer vermittelst du ihnen einfache taktische Tipps wie Tore schießen und Tore verhindern und durch die vielseitigen sportlichen Aktivitäten motivierst du sie zur Bewegung.

Bei den F-Junioren ist ein Herz für Kinder sehr wichtig und du solltest die Lebenshintergründe der Kinder kennen. Sorge für eine vertrauensvolle Stimmung mit wenigen aber klaren Regeln. Fördere die Eigeninitiative sowie freie Spiele und lass sie ausprobieren. Lobe viel aber sei dabei stets ehrlich.

F-JUNIOREN (U8/U9)

TRAININGSINHALTE

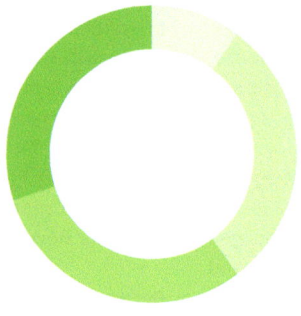

30 %
Freies Fußballspielen in
kleinen Teams

10 %
Vielseitiges Laufen und
Bewegen

30 %
Spielerisches
Kennenlernen der
Basis-Techniken

30 %
Vielseitige Aufgaben und
Spiele mit Ball

VIELSEITIGES LAUFEN UND BEWEGEN

– Ausgleich von Bewegungsmangel – einfach bewegen und laufen lassen
– Erproben der Möglichkeiten des eigenen Körpers (krabbeln, rückwärts gehen, seitlich rollen,
  springen usw.)
– Steigerung der Bewegungsfreude
– Fördern von schnellem Reagieren und Orientieren, Gleichgewichtsvermögen

PRAXISTIPPS

– Einfache Regeln
– Übungen selbst demonstrieren
– Kurze Belastungszeiten und Erklärungen
– Aufgaben variieren – nicht nur fußballspezifisch

VIELSEITIGE AUFGABEN UND SPIELE MIT BALL

– Kennenlernen unterschiedlicher Bälle (groß/klein, glatt/rau) und anderer motivierender
  Hilfsmittel (Luftballons, Matten)
– Steigerung der Geschicklichkeit und Sicherheit am Ball (nicht nur mit dem Fuß, sondern auch
  mit der Hand)
– Freilaufen, aktives Mitspielen und schnelles Umschalten fördern

PRAXISTIPPS

– Schwierigkeit der Aufgaben an das Können der Kinder anpassen
– Übungen selbst demonstrieren
– Herausfordernd verpacken – „Wer schafft es …?"
– Loben!

SPIELERISCHES KENNENLERNEN DER BASISTECHNIKEN

– Kennenlernen von dribbeln, täuschen, passen und schießen
– 1 gegen 1 Situation spielerisch kennenlernen
– Beidfüßigkeit fordern
– Kindgerechte Übungs- und Spielgestaltung

PRAXISTIPPS

– Viele Ballkontakte (hohe Wiederholungszahl)
– Kein monotones Üben
– V.a. Dribbling in jeder Stunde berücksichtigen
– Kindersprache (z. B. statt Liegestütz ‚eine Brücke' machen)

FREIES FUSSBALLSPIELEN IN KLEINEN TEAMS

– Spaß und Freude am Fußballspielen, Steigerung der Motivation für den Fußball
– Spielerisches Kennenlernen von technisch-taktischen Grundlagen

PRAXISTIPPS

– Frei spielen lassen – wenig korrigieren
– Kleine Teams 2:2, 3:3, 4:4 (viele Ballkontakte, Torabschlüsse für jedes Kind sichern)
– Unterschiedliche Tore (Dribbeltore, kleine/große Tore, Bänke usw.)
– Möglichst gleich starke Teams bilden

F-JUNIOREN (U8/U9)

TECHNIK

> – Das Dribbeln stellt den wichtigsten Schwerpunkt im Training der F-Junioren dar
> – Doppelpässe, Kombinationsspiel, schnelles Abspielen stehen nicht im Mittelpunkt!

FINTIEREN

1 Spielerisches Ausprobieren der Täuschungen und Finten
   (Vorbildern nachmachen)
   – Körpertäuschung, Tip-Tap

DRIBBELN

2 Den Ball beim Gehen und Traben kontrollieren
1 Ballführung mit Spann und Sohle
1 Ballführung mit Innenseite, Außenseite

SCHUSSTECHNIKEN (TA)

1 Vollspann
   – Mit ruhendem Ball
   – Mit selbstvorgelegtem Ball
   – Mit Direktabnahme des Balles

PASSTECHNIKEN

1 Kontrolliertes Vorwärtsbewegen des Balles mit dem Fuß ohne Vorgabe
1 Erlernen in Grobform: Passen mit Spann im Stand, kurze Passdistanz
1 Erlernen Innenspann: Flach, kurze Distanz

BALLANNAHME/BALLMITNAHME

2 Schnelles Stoppen des Balles
1 Ballannahme: Nach flachem Zuspiel den Ball mit der Innenseite und der Sohle totstoppen

KEIN VERSTÄRKTES KOPFBALLTRAINING – VERLETZUNGSGEFAHR!

2 Mit Luftballons, Plastik- oder Schaumbällen ans Kopfballspiel heranführen

TORWARTSPIEL

NOCH KEIN FESTER TORWART

1 Jeder ist mal im Tor – Spaß am Torwartspiel vermitteln

KOORDINATION

– Vielseitige Bewegungs- und Laufschulung (vorwärts, rückwärts),
  Beseitigung der Bewegungsmängel
– Gleichgewichtsfähigkeit: Hindernisparcours, Sprünge (einbeinig/zweibeinig), Einbeinstand
– Reaktionsfähigkeit: Lauf-, Fang- und Tummelspiele, reagieren
  auf akustische und optische Signale
– Differenzierungsfähigkeit: Einsatz von verschiedenen Bällen beim
  Werfen, Kicken, Rollen, Fangen

KONDITION

– Lauf-, Fangspiele, Staffelwettbewerbe, Slalomlauf
  (Fördern des schnellen, geschickten Laufens)
– Hindernisparcours mit Springen, Hüpfen und vielseitigen
  Bewegungsaufgaben
– Spielerische Formen der Stabilisierung und Kräftigung
  (Schubkarre, Huckepack, Seilspringen)
– Maximal mit eigenem Körpergewicht trainieren

> Kein klassisches Konditionstraining (wie z.B. Rundenlaufen, Waldlauf, Diagonalläufe)

TAKTIK

2 Spielerisches Kennenlernen der Grundelemente des Fußballs,
   Schiedsrichterentscheidungen akzeptieren
1 Keine festen Positionen, jeder soll alle Positionen kennenlernen
1 Situation 1 gegen 1 erleben in 1-1, 2-2, 3-3, 4-4 auf 2 / 4 Tore
1 Grundprinzipien des Freilaufens/Anbietens: Anspielbar sein, Anspielstationen schaffen, aus
   dem Deckungsschatten kommen
1 Aktives Mitspielen bei der Offensive und Defensive: Am Spiel immer aktiv teilnehmen und dem
   Mitspieler helfen
1 Heranführen an E-Junioren-Verbandsspiele

 1 2 3 4

FRÜHEINSTIEG ERLERNEN STABILISIEREN AUTOMATISIEREN VERFEINERN

F-JUNIOREN (U8/U9)
ÜBERBLICK DER TRAININGSINHALTE

Technik

- Dribbeln als Schwerpunkt
- Kennenlernen des Vollspanns
- Vorbilder kopieren (Finten)

Torwart

- Kein fester Torwart
- Spaß vermitteln

Koordination

- Vielseitige Bewegungsschulung
- Gleichgewicht, Reaktion, Differenzierung erlernen

Kondition

- Laufspiele
- Hindernisparcours
- Spielerische Stabilität/Kräftigung

Taktik

- 1 gegen 1 erleben
- Freilaufen und Anbieten kennenlernen
- Mitspielen bei Offensive/Defensive

3.3. E-JUNIOREN (U10/U11)

Durch die ersten Erfahrungen im Jugendfußball befinden sich die Kinder nun im Übergang vom Spiel- zum Lernalter. Als Trainer musst du dir bewusst sein, dass es keine kleinen Kinder mehr sind und sich ihre Persönlichkeit stark entwickelt. Die E-Junioren haben einen hohen Bewegungsdrang und Spielfreude. Deshalb sollten viele spielerische Bewegungselemente eingebaut werden, wodurch die Kinder besonders motiviert werden. Durch die steigende Konzentrationsfähigkeit können die Kinder den Erklärungen besser folgen und nehmen Spielsituationen anders wahr. Die Lernbereitschaft steigt – sie wollen Neues lernen und durch ihr wachsendes Selbstbewusstsein sind sie motiviert zu zeigen, dass sie es verstehen und wenden es an. Als Trainer solltest du die kleinen Erfolge loben, denn diese sind entscheidend für die Kinder. Durch kleine Wettkämpfe können sie sich untereinander messen und werden dadurch angespornt. Dabei ist es deine Aufgabe als Trainer, darauf zu achten, dass jeder Spieler Erfolgserlebnisse hat. Häufig orientieren sie sich an großen Vorbildern und möchten genauso sein wie sie. Dies kann auch genutzt werden, um Dinge zu erklären, denn auch die Stars spielen mit ihren Mitspielern zusammen. Durch psychische Stabilität und steigende Kontrolle über ihren eigenen Körper können die Kinder große Fortschritte in Technik und Koordination erzielen.

Ziele bei den E-Junioren sind es, spielerisch das Fußballspielen zu erlernen, ebenso wie komplexere Techniken und der Umgang mit Sieg und Niederlage. Die Individualität der Kinder soll dabei beachtet und stets unterstützt werden.

Als Trainer ist es wichtig, ein Herz für die Kinder zu haben und die Lebenshintergründe sowie außersportliche Probleme zu kennen. Berücksichtige Ideen und Vorschläge und bestimme die Regeln gemeinsam mit den Kindern. Fördere das Selbstvertrauen durch viel Lob und auch bei Niederlagen solltest du ihre Leistung anerkennen. Denke an deine Vorbildfunktion und sei dabei stets authentisch.

E-JUNIOREN (U10/U11)

TRAININGSINHALTE

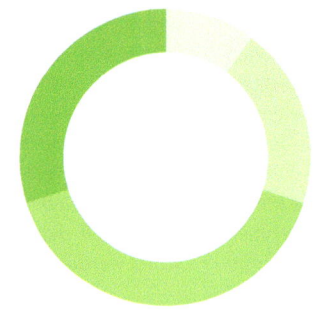

30 %
Fußballspielen in
kleinen Teams

10 %
Vielseitige sportliche
Aktivitäten

40 %
Kindgemäße
Technik-Übungen

20 %
Vielseitige Aufgaben und
Spiele mit Ball

VIELSEITIGES LAUFEN UND BEWEGEN

– Ausgleich von Bewegungsmangel – einfach bewegen und laufen lassen
– Fördern von schnellem Reagieren und Orientieren, Gleichgewichtsvermögen
– Ausgleich von Haltungsschäden und einseitigen Bewegungen – vielseitiges, kindgerechtes
  Kräftigen

PRAXISTIPPS

– Bewegungsaufgaben in Wettbewerbe verpacken
– Die Kinder experimentieren und ausprobieren lassen
– Kurze Belastungszeiten und Erklärungen

VIELSEITIGE AUFGABEN UND SPIELE MIT BALL

– Festigen der Sicherheit und Geschicklichkeit am Ball
– Fußballspezifische Aufgaben mit vielseitigen Bewegungen
  (dribbeln und reagieren auf optische Signale)
– Kreativität fördern (eigene Finten/Tricks ausprobieren)

PRAXISTIPPS

– Herausfordernd verpacken – „Wer schafft es ...?"
– Loben!
– Aufgaben individuell stellen und variieren
– Übungen selbst demonstrieren

KINDGEMÄSSE TECHNIK-ÜBUNG

– Bewusstes Schritt-für-Schritt-Erlernen der Grundtechniken (dribbeln, fintieren, passen und schießen)
– Beidfüßigkeit beim Erlernen fördern und fordern

PRAXISTIPPS

– Schwerpunkt-Blöcke (4 Einheiten) mit vielen Ballkontakten
– Abwechslung zwischen kindgerechtem Üben und Spielen zum gleichen Schwerpunkt
– Technikaufgaben möglichst mit einem Torschuss und Wettbewerb verbinden
– Vormachen – Nachmachen
– Nur das Wichtigste korrigieren

FUSSBALLSPIELEN IN KLEINEN TEAMS

– Spaß und Freude am Fußballspielen!
– Viele Ballkontakte für jedes Kind, viele Torschussaktionen
– Genaues und spielerisches Kennenlernen der technisch-taktischen Grundlagen
– Viele Erfolgserlebnisse für jeden

PRAXISTIPPS

– Kleine Teams 2:2, 3:3, 4:4 (viele Ballkontakte, Torabschlüsse für jedes Kind sichern)
– Durch Spielorganisation und Zusatzregeln den Technikschwerpunkt hervorheben
– Das Spiel individuell steuern – Aufgaben erleichtern oder erschweren

E-JUNIOREN (U10/U11)

 ## TECHNIK

> – Erfolgserlebnisse durch viele Torabschlüsse garantieren
> – Stabilisieren der bereits erlernten Techniken – Beidfüßigkeit – regelmäßiges Anwenden im Training und Spiel

FINTIEREN

2 Spielerisches Ausprobieren der Täuschungen und Finten (Vorbilder nachmachen):
   – Körpertäuschung Tip-Tap
1 Gegner frontal: Wischer, Matthews, Übersteiger, Ronaldo, Rivelino
1 Gegner seitlich: Zidane, Sohlenzieher
1 Gegner im Rücken: Schere

DRIBBELN

2 Ballführung mit Spann und Sohle
1 Ballführung mit Innenseite und Außenseite
1 Richtungsänderung mit Innenseite, Außenseite und Sohle
1 Abkappen mit Innenseite und Außenseite

SCHUSSTECHNIKEN

2 Torabschluss mit Vollspann
1 Torabschluss mit Innenseite (kurze Distanz) und Innenspann

PASSTECHNIKEN

1 Passen mit Innenseite und Vollspann im Stand und aus der Bewegung, kurze Distanz
1 Kurzpass mit Innenspann und Außenseite im Stand und aus der Bewegung
1 Längere Distanz: Flach mit Innenspann, Vollspann und Außenspann

BALLANNAHME/BALLMITNAHME

2 Ballannahme: Nach flachem Zuspiel totstoppen und mit der Innenseite sowie der Sohle kontrollieren
1 Ballannahme: nach flachem Zuspiel mit der Außenseite
1 Ballmitnahme: nach flachem Zuspiel mit der Innenseite über das Standbein und die Außenseite
1 Ballmitnahme: nach flachem Zuspiel mit der Innenseite über das Spielbein (offene Stellung)
1 Ballannahme: nach halbhohem/hohem Zuspiel mit der Innenseite und dem Oberschenkel

KEIN VERSTÄRKTES KOPFBALLTRAINING – VERLETZUNGSGEFAHR!

2 Mit Luftballons, Plastik- oder Schaumbällen an das Kopfballspiel heranführen
1 Erste Erfahrung mit dem Kopfballspiel nach Zuwurf von vorne, weiterhin mit Schaumstoffbällen

FRÜHEINSTIEG   ERLERNEN   STABILISIEREN   AUTOMATISIEREN   VERFEINERN

TORWARTSPIEL

NOCH KEIN FESTER TORWART

- Jeder ist mal im Tor – Spaß am Torwartspiel vermitteln

KOORDINATION

- Vielseitige Bewegungs- und Laufschulung (vorwärts, rückwärts),Beseitigung der Bewegungs mängel
- Gleichgewichtsfähigkeit: Hindernisparcours, Sprünge (einbeinig/zweibeinig), Einbeinstand
- Rhythmisierungsfähigkeit: Koordinationsleiter (1/2/3 Kontakte pro Feld, 2 nach vorne 1 zurück usw., Finten und deren Kombination usw.)
- Reaktionsfähigkeit: Reagieren auf v.a. optische Signale in Kombination mit Dribbeln, Fintieren, Beobachtungsaufgaben
- Kopplungsfähigkeit: Koordinative Zuspielaufgaben zu zweit (zwei Bälle gleichzeitig spielen, werfen, fangen mit Fuß/Hand, links/rechts)

KONDITION

- Lauf-, Fangspiele, Staffelwettbewerbe, Slalomlauf (Fördern des schnellen geschickten Laufens)
- Hindernisparcours mit Springen, Hüpfen und vielseitigen Bewegungsaufgaben
- Spielerische Formen der Stabilisierung und Kräftigung (Schubkarre, Huckepack, Seilspringen, Kräftigungsaufgaben mit Ball)
- Maximal mit eigenem Körpergewicht trainieren

> Kein klassisches Konditionstraining (wie z.B. Rundenlaufen, Waldlauf, Diagonalläufe)

TAKTIK

- 2 Spielerisches Kennenlernen der Grundelemente des Fußballs, Schiedsrichterentscheidungen akzeptieren
- 2 Keine festen Positionen, jeder soll alle Positionen kennenlernen
- 2 Situation 1 gegen 1 erleben in 1-1, 2-2, 3-3, 4-4 auf 2 / 4 Tore
- 2 Grundprinzipien des Freilaufens/Anbietens: Anspielbar sein, Anspielstationen schaffen, aus dem Deckungsschatten kommen
- 2 Aktives Mitspielen bei der Offensive und Defensive: Am Spiel immer aktiv teilnehmen, dem Mitspieler helfen
- 1 Schnelles Umschalten Offensive/Defensive und Defensive/Offensive
- 1 Täuschungsbewegungen beim Freilaufen: Kurz kommen/lang gehen oder lang gehen/ kurz kommen oder links täuschen/rechts laufen usw.
- 1 Kennenlernen des Freilaufens: Offene/geschlossene Stellung (Vorbereitung auf die Folgeaktion), schräges Kommen, sich gegen Pass-/Laufrichtung bewegen und anbieten

 1 2 3 4

FRÜHEINSTIEG ERLERNEN STABILISIEREN AUTOMATISIEREN VERFEINERN

E-JUNIOREN (U10/U11)
ÜBERBLICK DER TRAININGSINHALTE

Technik

– Viele Torschüsse → Erfolgserlebnisse
– Fintieren
– Dribbling weiterhin als Hauptschwerpunkt

Torwart

– Kein fester Torwart
– Spaß vermitteln

Koordination

– Bewegungsschulung
– Gleichgewicht, Reaktion, Differenzierung erlernen
– Kopplungsfähigkeit

Kondition

– Laufspiele
– Hindernisparcours
– Spielerische Stabilität/Kräftigung

Taktik

– Erstes Umschalten Defensive/Offensive
– Freilaufen/Anbieten

4. AUFBAUBEREICH U12-U15

LERNZIELE

D-JUNIOREN (U12/U13)
– Goldenes Lernalter
– Systematisches Techniktraining und sicheres Anwenden in verschiedenen Situationen
– Spielfreude und Kreativität
– Schulung der Individualtaktik in der Defensive und Offensive
– Gruppentaktische Grundlagen für das Spiel im Raum
– Fördern von Eigeninitiative, Willenseigenschaften

C-JUNIOREN (U14/U15)
– Leistung stabilisieren
– Dynamisches Techniktraining unter Tempo und Gegnerdruck
– Stabilisieren der Freude am Fußballspielen
– Vertiefen der Gruppentaktik in der Defensive und Offensive
– Ausgleich koordinativer Defizite
– Aufbau der fußballspezifischen Fitness
– Fördern der Eigenverantwortung für sich und der Gruppe auf und neben dem Platz

PHYSISCHE UND PSYCHISCHE MERKMALE

D-JUNIOREN (U12/U13)
– Große Bewegungs-, Spielfreude
– Recht gutes Koordinationsvermögen
– Gutes Anpassungsvermögen an körperliche Anforderungen
– Recht ausgeprägte Muskulatur
– Recht gutes Konzentrationsvermögen
– Ein ausgewogenes körperliches Erscheinungsbild
– Optimistische Einstellung
– Wissensdurst, Lern- und Leistungsbereitschaft
– Große Begeisterung für Neues
– Viel Selbstvertrauen

C-JUNIOREN (U14/U15)
– Eintritt in die Pubertät
– Staksige und ungelenke Bewegungen
– Disharmonische Körperproportionen wegen Wachstumsschub
– Verbesserte Kraft und Schnelligkeitseigenschaften
– Muskelzuwachs
– bessere Auffassungsgabe – Geistig fitter
– Stimmungs- und Leistungsschwankungen
– Psychisch unsicher, auf der Suche nach eigener Identität
– Lösen von erwachsenen Bezugspersonen

LEITLINIE FÜR TRAINER

D-JUNIOREN (U12/U13)

– Der Vorbildfunktion bewusst sein
– Authentisch bleiben, keine Rolle spielen
– Gemeinsame Regeln vereinbaren
– Wünsche und Ideen berücksichtigen
– Lebenshintergründe und außersportliche
  Probleme kennen
– Kinder als individuelle Persönlichkeiten
  anerkennen
– Freiräume lassen, nicht alles vorgeben
– Selbstvertrauen stärken

C-JUNIOREN (U14/U15)

– Der Vorbildfunktion bewusst sein
– Authentisch bleiben, keine Rolle spielen
– Gemeinsame Regeln vereinbaren
– Mitbestimmungsmöglichkeiten schaffen
– Lebenshintergründe und außersportliche
  Probleme kennen
– Mit jedem kommunizieren und Abläufe
  rund um Spiel und Training begründen
– Konflikte rechtzeitig erkennen und
  konstruktiv lösen
– Außenseiterrolle nicht zulassen
– Konstruktiv, dosiert und sensibel kritisieren

41

GEWICHTUNG DER INHALTE

D-JUNIOREN (U12/U13)

40 %
Fußballspiele mit
Schwerpunkten und
freies Spielen

20 %
Systematisches
Technik-Training

20 %
Spielerische
Konditionsschulung

20 %
Individual- und gruppent-
aktische Grundlagen

C-JUNIOREN (U14/U15)

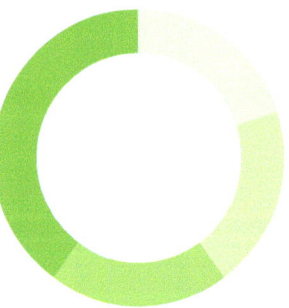

40 %
Fußballspiele mit
Schwerpunkten und
freies Spielen

20 %
Technik-Intensivtraining

20 %
Ergänzende
fußballspezifische
Konditionsschulung

20 %
Individual- und gruppen-
taktische Grundlagen

4.1. D-JUNIOREN (U12/U13)

Die D-Junioren befinden sich in der entscheidenden Entwicklung vom Kind zum Jugendlichen, was die ideale Voraussetzung für die koordinative sowie technische Entwicklung ist. Der Körper der Kinder ist noch nicht im nächsten Entwicklungsschritt, jedoch ausgeglichen. Dies stellt zusammen mit einer stabilen Emotionslage und einer hohen kognitiven Leistungsfähigkeit ideale Lernbedingungen dar, weshalb das Alter auch als goldenes Lernalter bezeichnet wird. Die Entwicklung ihres Körpers nehmen die Spieler selbst wahr und wollen diese dann auch zeigen, wodurch die Leistungsbereitschaft steigt und das Training sowie Spiele intensiver werden.

Durch die erhöhte Konzentrationsfähigkeit der Kinder können die Trainingsinhalte nun komplexer gestaltet werden, wobei du dich als Trainer bei den Erklärungen der Übungen trotzdem auf das Wesentliche konzentrieren sollst. Durch steigendes Interesse an den taktischen und positionsspezifischen Inhalten kannst du den Spielern viel Neues vermitteln, wie beispielsweise das Verhalten im Zweikampf. Die Spieler haben große Begeisterung für Neues sowie ein hohes Selbstvertrauen wodurch sie das Erlernte auch im Spiel umsetzen. Als Trainer ist es wichtig die Balance zu finden wann die Kinder bestärkt werden und wann sie eventuell gebremst werden müssen. Bei den D-Junioren ist dies die Phase des besten Lernalters, mit dem Ziel, den Kindern viel beizubringen. Fordere und fördere dabei ihre Spielfreude und Kreativität, sowie Eigeninitiative und Wille.

Hab stets ein Herz für die Kinder und kenne die außersportlichen Probleme sowie ihre Lebenshintergründe. Sei dir deiner Vorbildfunktion bewusst, spiele dabei keine Rolle, sondern sei authentisch. Bestimmt die Regeln gemeinsam, unter Berücksichtigung der Wünsche und Ideen der Kinder. Gib nicht alles vor, sondern lasse ihnen Freiräume. Als Trainer hast du die Aufgabe ihr Selbstvertrauen zu stärken und sie als individuelle Persönlichkeiten kennenzulernen.

D-JUNIOREN (U12/U13)

TRAININGSINHALTE

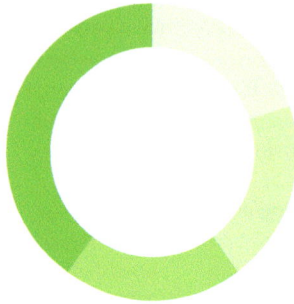

40 %
Fußballspiele mit
Schwerpunkten und
freies Spielen

20 %
Spielerische
Konditionsschulung

20 %
Systematisches
Technik-Training

20 %
Individual- und gruppen-
taktische Grundlagen

SPIELERISCHE KONDITIONSSCHULUNG

– Ausgleich von Bewegungsmangel
– Fördern von schnellem Reagieren und Orientieren
– Fördern des Gleichgewichtsvermögens
– Ausgleich von Haltungsschwächen, einseitiger Bewegungen und vielseitige Kräftigung
– Fördern des schnellen, geschickten Laufens in fußballspezifischen Situationen

PRAXISTIPPS

– Konditionelle Schwerpunkte nur in spielerischer Form
– Schnelligkeits-Schulung in Laufduellen mit/ohne Ball
– Ausdauer-Schulung nur durch Fußballspielen

INDIVIDUAL- UND GRUPPENTAKTISCHE GRUNDLAGEN

– Geschicktes Agieren im 1 gegen 1 (angreifen, erobern des Balles)
– Grundlagen des Zusammenspiels (Ball sichern/erobern, Tore herausspielen)
– Schnelles Umschalten
– Aktiv ausgerichtetes Spiel fordern

PRAXISTIPPS

– Längere Lernabschnitte für das Vermitteln einplanen
– Anschaulich vormachen – Verständnis schaffen
– Kinder aktiv in die Lernprozesse einbinden

44

SYSTEMATISCHES TECHNIK-TRAINING

– Schritt für Schritt die Grundtechniken verbessern (Dribbeln, Fintieren, Passen und Schießen)
– Beidfüßigkeit beim Erlernen fördern und fordern
– Sicherheit am Ball, Ballkontrolle und schnelle Fußarbeit am Ball

PRAXISTIPPS

– Nur ein technisch/taktischer Schwerpunkt pro Trainingseinheit
– Schwerpunkt-Blöcke (4-6 Einheiten) mit vielen Ballkontakten
– Wechsel zwischen Üben und Spielen zum gleichen Schwerpunkt
– Genauigkeit vor Tempo und Schärfe

FUSSBALLSPIELEN MIT SCHWERPUNKTEN UND FREIES SPIELEN

– Spaß und Freude am Fußballspielen!
– Mitdenken und mitspielen in jeder Situation
– Variables Anwenden technisch-taktischer Grundlagen unter zunehmendem Gegner- und Zeitdruck
– Kennenlernen der Positionen und Aufgaben

PRAXISTIPPS

– Kleine Teams 2:2, 3:3, 4:4 (7:7 nur sporadisch als Abschlussspiel)
– Spielorganisation und Zusatzregeln heben den Technikschwerpunkt hervor
– Korrekturen/Fragen beim Nachstellen/Einfrieren der Spielsituationen

D-JUNIOREN (U12/U13)

 **TECHNIK**

> – Eine Schritt-für-Schritt Ausbildung nach individueller Leistungsstärke
> – Festigen aller Basistechniken in spielnahen Situationen
> – Verbesserte Spielübersicht
> – Lösen von Situationen mit der richtigen Technik

FINTIEREN

- Spielerisches Ausprobieren eigener Variationen
- TipTap, Wischer, Matthews, Übersteiger, Ronaldo, Rivelino, Torschussfinte, Zidane, Schere, Sohlenzieher
- Tempo steigern nach einer bereits erlernten Finte
- Freilauf- und Täuschungsbewegungen
- Gegner im Rücken: Schieber, Pirouette, Eindrehen
- Gegner seitlich: Lokomotive, Torschussfinte
- Doppelfinten

DRIBBELN

- Ballführung mit der Innenseite, der Außenseite, dem Spann und der Sohle
- Richtungsänderung und Abkappen mit der Innenseite, der Außenseite und der Sohle
- Dribbling im engen Raum: Ballsicherung mit der Innenseite, der Außenseite und der Sohle
- Spielübersicht (Radarblick 360°-Orientierung)
- Raumüberwindendes Tempodribbling mit dem Voll- und Außenspann
- Tempowechsel beim Dribbling mit der Innenseite, der Außenseite, dem Vollspann und dem Außenspann
- Gegnerüberwindendes Dribbling

SCHUSSTECHNIKEN

- Torabschluss mit dem Vollspann, der Innenseite und dem Innenspann
- Spitzkick aus kurzer Distanz
- Volley mit der Innenseite und dem Vollspann
- Dropkick mit dem Vollspann und dem Außenspann
- Hüftdrehstoß

PASSTECHNIKEN

2 Passen mit der Innenseite und dem Vollspann im Stand und aus der Bewegung, kurze Distanz
2 Kurzpass mit dem Innenspann und der Außenseite
2 Längere Distanz: Flach mit dem Innenspann, dem Voll- und Außenspann
1 Flankentechnik mit dem Innenspann über lange Distanz, hoher Ball
1 Flugballtechnik: Mit dem schrägen Vollspann über lange Distanz im Stand und aus der Bewegung

BALLANNAHME/ BALLMITNAHME

3 Ballannahme: Nach flachem Zuspiel totstoppen und mit der Innen- und Außenseite sowie der Sohle kontrollieren
2 Ballmitnahme: Nach flachem Zuspiel mit der Innenseite über das Standbein und der Außenseite,
2 Ballmitnahme: Nach flachem Zuspiel mit der Innenseite über das Spielbein (offene Stellung), Schulterblick erlernen (Vororientierung)
2 Ballannahme: Nach halbhohem/hohem Zuspiel mit der Innenseite, der Außenseite und dem Oberschenkel
1 Ballannahme: Nach halbhohem/hohem Ball mit der Innenseite, der Außenseite und dem Oberschenkel
1 Ballannahme: Nach hohem Ball mit dem Vollspann, dem Oberschenkel, der Brust und dem Kopf

KOPFBALLTRAINING (MIT ULTRA-LIGHT BÄLLEN)

1 Gerader Kopfball im Stand nach einem Zuwurf (geradeaus)
1 Schräger Kopfball im Stand nach einem Zuwurf (45° Kopfball)

47

FRÜHEINSTIEG   1 ERLERNEN   2 STABILISIEREN   3 AUTOMATISIEREN   4 VERFEINERN

TORWARTSPIEL

LERNZIELE ZIELVERTEIDIGUNG

Situationsgemäßes Anwenden der Torwarttechniken bei Torabschluss:
- Einführung in die Grundtechniken, Auftaktbewegung in die Grundstellung, Bewegung zum Ball, Fangen und Ablenken, Falltechnik (Abtauchen und Abkippen), Hechten, Aufstehen, Fußabwehr

Stellungsspiel beim Torabschluss:
- Kennenlernen der Torwartzonen

Lösen von 1-gegen-Torwart-Situation im Strafraum:
- Einführung der Techniken: Fußabwehr, Beinabwehr und Block

LERNZIELE RAUMVERTEIDIGUNG

Strafraumspiel bei hohen Flugbällen:
- Grundlagen der Ballsicherung über Kopf, Anlauf und Absprung mit Vorgabe rechts/links (geworfene Bälle auf den ersten Pfosten)

Verhalten bei Standards:
- Individualtaktik: Stellungsspiel, Organisation der Abwehr (Mauerbildung)

Antizipierendes Mitspielen:
- Mitspielen wollen, Gefühl für Raum entwickeln

Unterstützung bei Organisation der Abwehr:
- Grundlagen der Kommunikation: Hilfestellung durch lautes Zurufen (Name und Anweisung)

LERNZIELE OFFENSIVSPIEL

Variable Verfügbarkeit der Fußtechniken:
- Abschlag (Dropkick und Volley), Abstoß (Spannstoß als Flugball), Rückpass (1. Kontakt), Ballmitnahme, Beidfüßigkeit

Variable Verfügbarkeit der Zuroll- und Abwurftechniken:
- Abwurf: Schleuderwurf über Kopf, beidseitig üben

Antizipierendes Mitspielen:
- Sich anbieten, Raumgefühl entwickeln

KOORDINATION

- Gleichgewichtsfähigkeit: Hindernisparcours, Sprünge (einbeinig/zweibeinig), Einbeinstand
- Reaktionsfähigkeit: Reagieren auf v.a. optische Signale in Kombination mit Dribbeln, Fintieren, Torabschluss
- Rhythmisierungsfähigkeit: Koordinationsleiter (1,2,3 Kontakte pro Feld, 2 nach vorne 1 zurück usw., Finten und deren Kombination usw.)
- Kopplungsfähigkeit: Erlernte Techniken miteinander und mit anderen Bewegungen verbinden
- Umstellungsfähigkeit: Schnelle Anpassung der geplanten Aktion an die veränderte Situation (Ballverlust, abgefälschter Ball)
- Differenzierungsfähigkeit: Bewegungen mit und ohne Ball richtig ‚timen'
- Orientierungsfähigkeit: Spielfeld und Spielübersicht, Veränderungen schnell erkennen

KONDITION

SCHNELLIGKEIT

Kognitive Schnelligkeit – Im Kopf schnell sein
- Wahrnehmungsschnelligkeit: Komplexere Situationen (mehrere Bälle, Aufgaben, Torziele, Mannschaften)
- Entscheidungsschnelligkeit: Aus mehreren Optionen eine möglichst optimale schnell auswählen

Aktionsschnelligkeit – mit und ohne Ball schnell sein
- Lauf- und Fangspiele, Staffelwettbewerbe, Slalomlauf (Fördern des schnellen, geschickten Laufens)
- Freilaufen im engen Raum (kurze Distanzen zyklischer und azyklischer Art)
- Finten mit plötzlichem Tempowechsel um Gegner zu überwinden
- Das Ablaufen und Erobern des Balles in der Defensive
- Tempodribbling und Kontersituationen

- Immer auf ein gutes Aufwärmen achten
- Mit Wettbewerben maximale Einsatzbereitschaft erzeugen
- Genügend Pausen machen, damit keine Ermüdung bei der Übung entsteht

---

KRAFT

– Hindernisparcours mit Springen, Hüpfen und vielseitigen Bewegungsaufgaben
– Spielerische Formen der Stabilisierung und Kräftigung
  (Schubkarre, Huckepack, Seilspringen, Aufgaben mit Ball)
– Tonisieren: Ein kurzes Stabi-Programm mit den wichtigsten Muskelgruppen (Bauch, Rücken, Oberschenkelvorder- und -rückseite, schräge Bauchmuskeln)

> – Weniger ist mehr! Lieber weniger Übungen aber fehlerfrei ausführen
> – Falsche Ausführung korrigieren

BEWEGLICHKEIT

– Regelmäßiges Dehnen überwiegend nach der Belastung (dynamische Übungen bevorzugen)
– Bewegungen mit Krafteinsatz (z. B. Hüfte nach außen drehen, Ausfallschritt nach vorne oder seitlich usw.)

> – Gehaltenes Dehnen/Stretching vor schnellkräftigen Bewegungen mindert die folgende Leistungsfähigkeit und steigert die Verletzungsgefahr

AUSDAUER

– Grundlagenausdauer: Längere Spielzeiten in größeren Teams (6:6, 7:7, 8:8, 9:9) auf großem Spielfeld
– Fußballspezifische Ausdauer: Intervallartige Belastungen und Pausen auch im Spiel in kleineren Gruppen (1:1, 2:2, 3:3)

> – In Spielformen durch Regeln/Sanktionen dafür sorgen, dass keiner steht oder geht!
> – Je weniger Spieler in der Spielform umso höher die Belastung!
>   Konsequenz: kürzere Spielzeiten.
> – Waldlauf nur im Rahmen einer Team-Building-Maßnahme
>
>   Kein klassisches Konditionstraining (wie z.B. Rundenlaufen, Waldlauf, Diagonalläufe)

TAKTIK

- Keine festen Positionen, jeder soll alle Positionen kennenlernen
- Freilaufen: Anspielstationen schaffen, aus dem Deckungsschatten kommen
- Aktives Mitspielen in der Offensive und Defensive: Am Spiel immer aktiv teilnehmen, dem Mitspieler helfen
- Schnelles Umschalten Offensive/Defensive und Defensive/Offensive
- An 11:11 auf Großfeld heranführen

INDIVIDUALTAKTIK OFFENSIVE

Verhalten ohne Ball

- Täuschungsbewegungen beim Freilaufen: Kurz kommen/lang gehen, lang gehen/ kurz kommen, links täuschen/rechts laufen usw.
- Freilaufen: Offene/geschlossene Stellung (Vorbereitung auf die Folgeaktion), schräges Kommen, sich gegen Pass-/Laufrichtung bewegen und anbieten
- Spielübersicht: Offene Stellung beim Anbieten (spieloffensiv), Spielfeld und Gegenspieler im Blick haben, Vororientierung mit Schulterblick
- Stürmerverhalten: Schräges Kommen aber nicht zu nah (Tiefe halten), den Gegenspieler mit Kontakt decken und kontrollieren
- Passfenster öffnen, mit Laufbewegung den Raum für Passwege öffnen

1:1 am Ball

- Ball abschirmen und behaupten
- Ball klatschen lassen
- Ballmitnahme je nach Spielsituation: Gegen die Laufrichtung des Gegenspielers und in den Lauf
- Ballannahme: Ball totstoppen und mit dem 2. Kontakt schnell weiterleiten (z. B. rechts stoppen, links passen)
- Gegenspieler schräg andribbeln, ihn zum Laufen bringen
- Mit Hilfe von Finten den Gegner auf falschen Fuß locken und ausspielen/abspielen
- Den Ball in den Lauf oder in den Fuß (gegnerfern beachten) passen (mit einem Pass einen Mitspieler zur Folgeaktion auffordern)

51

INDIVIDUALTAKTIK DEFENSIVE

Gegner ohne Ball
- Spielübersicht: Abstand zum Gegner haben, überlappend näher zum Tor stehen, Ball in Schnittstelle abfangen
- Das Spielgeschehen und Gegner im Blick haben (Schulterblick)
- Das Zuspiel antizipieren, auf Ballgewinn je nach Situation gehen
- Den Ball beobachten und nicht auf Lauffinten und Körpertäuschungen hereinfallen

1:1 Gegner am Ball
- Anlaufen und Druck erhöhen, Deckungsschatten nutzen um Bälle in die Tiefe/ Schnittstelle zu verhindern, Querpässe provozieren
- Gegner verlangsamen, Zeit gewinnen
- Blick auf Ball lassen, sich nicht von den Körperbewegungen täuschen lassen
- Tempo des Gegners aufnehmen können, sich leichtfüßig auf den Fußballen bewegen, Fußspitzen mit Tendenz in die Laufrichtung
- Innere Linie zumachen, direkte Torgefahr verhindern
- Gegner lenken: Auf seine schwache Seite, auf meine starke Seite, zu meinem Mitspieler, nach Außen
- Balleroberungstechniken: Gegner ablaufen, Körper zwischen Ball und Gegner
- Gegner mit dem Rücken zum Tor: Nicht drehen lassen, nicht immer auf Ballgewinn gehen, halber Arm Abstand mit tiefem Körperschwerpunkt

GRUPPENTAKTIK OFFENSIVE

Gleichzahl
- Mutig sein und agieren
- 1 gegen 1 Situation suchen und damit Gegner binden
- Kombinationsspiel nutzen (Doppelpass, Hinterlaufen, Spiel über den Dritten, direktes Spiel)

Überzahl
- Gegner gezielt andribbeln, damit binden, um freien Mitspieler anzuspielen
- So wenig Pässe wie möglich (Zeitverlust)

Unterzahl
- Ball sichern/behaupten
- Auf Unterstützung warten oder mutig alleine probieren
- Gedanklichen Vorsprung ausnutzen

Zusammenspiel Mittelfeld (MF) und Sturm (ST)
1 Doppelpass im Zentrum
1 Doppelpass am Flügel

Stürmerverhalten vorm Tor
1 Raumaufteilung und Besetzung der wichtigen Räume (1., 2. Pfosten, Tormitte und Rückraum)

GRUPPENTAKTIK DEFENSIVE
Gleichzahl
1 Druck auf den Ball
1 Attackierenden Mitspieler absichern
1 Gegner ohne Ball im Auge haben

Überzahl
1 Aktiv den Ball erobern wollen
1 Wer attackiert, wer agiert vorsichtig, der tornahe Spieler agiert vorsichtig und sichert ab

Unterzahl
1 Zeit gewinnen
1 Sich fallen lassen
1 Aus Unterzahl mit geschicktem Anlaufen Gleichzahl schaffen

Ballorientiertes Spiel (BOS)
1 Verschieben, Deckungsschatten, Passwege zumachen
1 Kommunizieren

D-JUNIOREN (U12/U13)
ÜBERBLICK DER TRAININGSINHALTE

Technik

– Ausbildung je nach individueller Leistungsstärke
– Basistechniken festigen und zur Lösung von
  Spielsituationen anwenden

Torwart

– Torwarttechniken situationsbedingt anwenden
– Einführen in die 1-gegen-Torwart-Situation

Koordination

– Koordinationsleiter für Rhythmisierungsfähigkeit
– Umstellungsfähigkeit bei Situations-
  veränderungen

Kondition

– Maximale Einsatzbereitschaft durch Wettbewerbe
– Auf fehlerfreie Ausführung achten
– Noch kein klassisches Konditionstraining

Taktik

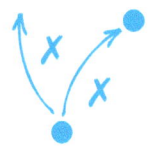

– Aktives Mitspielen in der Defensive/Offensive
– Schnelles Umschalten
– An 11:11 heranführen

4.2. C-JUNIOREN (U14/U15)

Bei den C-Junioren werden die Kinder zu Teenagern und kommen in die Pubertät. Dadurch verändern sich nicht nur die Jugendlichen selbst, sondern auch das Training. Als Trainer musst du dabei auf die einzelnen Entwicklungsphasen der Spieler individuell eingehen, denn die Unterschiede sind hier oft sehr deutlich.

Durch die Veränderung des Hormonhaushaltes sind die Jugendlichen sowohl emotional als auch körperlich sehr unausgeglichen. Die vielen körperlichen und geistigen Veränderungen führen zu Unsicherheit, Spannung und Konflikten wodurch die Jugendlichen leicht reizbar sind und häufig die Konfrontation suchen. Dabei lösen sie sich immer mehr von erwachsenen Bezugspersonen. Das Verhältnis der Muskel- zur Körpermasse steigt deutlich an und die Jugendlichen verbessern sowohl ihre Kraft als auch ihre Schnelligkeit. Trotzdem können Größe sowie Gewicht sehr unterschiedlich sein, da die Wachstumsschübe je nach Entwicklung zu unterschiedlichen Zeitpunkten einsetzen. Auf Grund der Schübe werden die motorischen Fähigkeiten und das Bewegungsgeschick der Jugendlichen stark beeinflusst und so können gwohnte Bewegungsabläufe zu neuen Herausforderungen werden. Ziel bei den C-Junioren ist es, sowohl die Leistung als auch die Freude am Fußballspielen zu stabilisieren. Es ist wichtig, die koordinativen Defizite auszugleichen und eine fußballspezifische Fitness aufzubauen. Als Trainer ist es wichtig, die Verantwortung der Spieler für sich selbst und für die Gruppe sowohl auf als auch neben dem Platz zu fördern.

Als Trainer sollst du jederzeit authentisch bleiben, keine Rolle spielen und trotz des fortgeschrittenen Alters der Kinder stets ein Herz für sie haben. Sei deiner Vorbildfunktion bewusst, selbst wenn sie sich von dir als Bezugsperson langsam lösen und kenne ihre Lebenshintergründe sowie außersportlichen Probleme. Schaffe Möglichkeiten für die Jugendlichen sich einzubringen und vereinbare mit ihnen gemeinsam die Regeln. Die Abläufe rund um das Training und Spiel müssen begründet und mit jedem kommuniziert werden. Setze Kritik bedacht ein, erkenne Konflikte rechtzeitig und versuche sie konstruktiv zu lösen.

C-JUNIOREN (U14/U15)

TRAININGSINHALTE

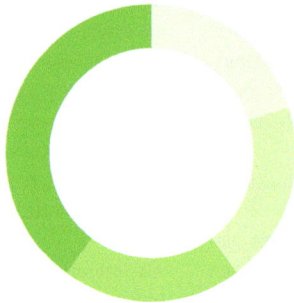

40%
Fußballspiele mit
Schwerpunkten und
freies Spielen

20%
Technik-Intensivtraining

20%
Ergänzende
fußballspezifische
Konditionsschulung

20%
Individual- und gruppentaktische Grundlagen

ERGÄNZENDE FUSSBALLSPEZIFISCHE KONDITIONSSCHULUNG

– Ausgleich von Bewegungsmangel
– Ausgleich von Haltungsschwächen und einseitiger Bewegungen sowie vielseitige Kräftigung
– Fördern von raschem Reagieren und Orientieren, Koppeln von Bewegungsabläufen,
  Umstellen auf neue Situationen

> **PRAXISTIPPS**
>
> – Konditionelle Schwerpunkte v.a. mit komplexer, fußballnaher Ausrichtung einplanen
> – Schnelligkeitsschulung in Laufduellen mit/ohne Ball und Ausdauerschulung
>   nur durch Fußballspielen
> – Dynamisches Laufen mit kognitiver Anforderung kombinieren
>   (erkennen, orientieren, reagieren)

INDIVIDUAL- UND GRUPPENTAKTISCHE GRUNDLAGEN

– Verbessertes Agieren im 1 gegen 1 (angreifen, erobern des Balles)
– Kennenlernen der Taktik defensive/offensive Gleichzahl, Überzahl und Unterzahl

> **PRAXISTIPPS**
>
> – Längere Lernabschnitte für das Vermitteln einplanen
> – In konkreten Spielsituationen mit unmittelbaren Korrekturen helfen
> – Jugendliche aktiv einbinden, Fragen stellen
> – Anforderung Schritt für Schritt, je nach Können steigern
> – Erstes Arbeiten mit Taktiktafel zur Veranschaulichung des taktischen Verhaltens

TECHNIK-INTENSIVTRAINING

– Beidfüßigkeit
– Sicherheit am Ball: Ballkontrolle und schnelle Fußarbeit am Ball
– Vertiefen aller Basistechniken in erschwerten Übungs-/Spielsituationen
– Schnelle Techniken
– Im Training Technik, Taktik und Kondition verbinden

PRAXISTIPPS
– Nur ein technisch/taktischer Schwerpunkt pro Trainingseinheit
– Schwerpunkt-Blöcke (4-6 Einheiten) mit vielen Ballkontakten
– Wechsel zwischen Üben und Spielen zum gleichen Schwerpunkt
– Genauigkeit vor Tempo und Schärfe

57

FUSSBALLSPIELEN MIT SCHWERPUNKTEN UND FREIES SPIELEN

– Spaß und Freude am Fußballspielen
– Mitdenken und Mitspielen in jeder Situation
– Vertiefen der positionsspezifischen Aufgaben
– Akzeptanz der Leistung der Mitspieler und gegenseitiges Helfen
– Fördern von Kreativität, Eigeninitiative und Selbstbewusstsein
– Taktikschwerpunkte: Schnelles Umschalten und Schnelligkeit im Spiel, Herausspielen/Verwerten von Torchancen, Ballsicherung und Verschieben

PRAXISTIPPS
– Spielorganisation und Zusatzregeln heben den Taktik-Schwerpunkt hervor
– Spieler regelmäßig mit positionsspezifischen Aufgaben konfrontieren
– Keine starren Automatismen
– Aktiv in geeigneten Situationen coachen

C-JUNIOREN (U14/U15)

 TECHNIK

> – Torabschlüsse unter Druck (Zeit, Gegner, Präzision)
> – Beginn der positionsspezifischen Technikschulung
> – Individuelle Technikschulung (Schwächen schwächen, Stärken stärken)
> – Ballkontrolle und Dribbling auf engstem Raum

FINTIEREN

- ❸ Tip-Tap, Wischer, Matthews, Übersteiger, Ronaldo, Rivelino, Torschussfinte, Zidane, Schere, Sohlenzieher
- ❸ Tempo steigern nach einer bereits erlernten Finte
- ❷ Freilaufbewegungen und Täuschungsbewegung
- ❷ Gegner im Rücken: Schieber, Pirouette, Eindrehen
- ❷ Gegner seitlich: Lokomotive, Torschussfinte
- ❶ Doppelfinten und mehrfache Fintenkombinationen

DRIBBELN

- ❸ Ballführung mit der Innenseite, der Außenseite, dem Spann und der Sohle
- ❸ Richtungsänderung, Abkappen mit der Innen- und Außenseite sowie der Sohle
- ❷ Dribbling im engen Raum: Ballsicherung mit der Innen- und Außenseite sowie der Sohle
- ❷ Spielübersicht (Radarblick 360°-Orientierung)
- ❷ Raumüberwindendes Tempodribbling mit dem Vollspann und dem Außenspann
- ❷ Tempowechsel beim Dribbling mit der Innen- und Außenseite sowie dem Voll- und Außenspann
- ❷ Gegnerüberwindendes Dribbling

SCHUSSTECHNIKEN

- ❸ Torabschluss mit dem Vollspann, der Innenseite und dem Innenspann
- ❷ Außenspann lange Distanz
- ❷ Volley (Innenseite, Vollspann), Dropkick (Voll- und Außenspann)
- ❷ Spitzkick über kurze Distanz
- ❶ Hüftdrehstoß, Flugkopfball und Fallrückzieher

FRÜHEINSTIEG   ERLERNEN   STABILISIEREN   AUTOMATISIEREN   VERFEINERN

PASSTECHNIKEN

- Passen mit der Innenseite und dem Vollspann im Stand und aus der Bewegung (kurze Distanz)
- Kurzpass mit dem Innenspann und der Außenseite
- Passen mit dem Innen-, Voll- und Außenspann flach über längere Distanz
- 2 Flankentechnik: hoher Ball mit dem Innenspann über lange Distanz
- 2 Flugballtechnik: mit dem schrägen Vollspann über lange Distanz sowohl aus dem Stand als auch aus der Bewegung
- 1 mit dem Außenspann über lange Distanz als Flanke oder Zuspiel
- 1 Druckpass spielen können/sich trauen

BALLANNAHME / BALLMITNAHME

- Ballannahme: Nach flachem Zuspiel totstoppen und mit der Innen- und Außenseite sowie der Sohle kontrollieren
- Ballmitnahme: Nach flachem Zuspiel mit der Innenseite über das Standbein und der Außenseite
- 2 Ballmitnahme: Mit der Innenseite über das Spielbein (offene Stellung mit Schulterblick)
- 2 Ballannahme: Halbhoher/hoher Ball mit der Innenseite, der Außenseite, dem Oberschenkel, dem Vollspann, der Brust und dem Kopf
- 2 Ballmitnahme: Hoher Ball mit der Innenseite, der Außenseite und dem Vollspann
- 1 Ballmitnahme: Halbhoher/hoher Ball mit dem Oberschenkel, der Brust und dem Kopf

KOPFBALLTRAINING (MIT LIGHT BÄLLEN)

- 2 Gerader und schräger Kopfball im Stand nach einem Zuwurf (geradeaus)
- 1 Gerader und schräger Kopfball nach einer Flanke oder einem Flugball aus der Laufbewegung und aus dem Sprung einbeinig und beidbeinig
- 1 Flugkopfball

FRÜHEINSTIEG   1 ERLERNEN   2 STABILISIEREN   3 AUTOMATISIEREN   4 VERFEINERN

TORWARTSPIEL

LERNZIELE ZIELVERTEIDIGUNG

Situationsgemäßes Anwenden der Torwarttechniken bei Torabschluss:
- ② Auftaktbewegung in die Grundstellung, Bewegung zum Ball, Fangen und Ablenken, Falltechnik Abtauchen und Abkippen, Hechten, Aufstehen, Fußabwehr
- ① Ablauf bei einem weiter entfernten Ball, Schrittfolge und Übergreifen

Stellungsspiel beim Torabschluss:
- ② Verhalten in den Torwartzonen: Standzone, Stütz- und Kippzone, Abdruckzone
- ① Einführung Torwartverhalten bei Zonenwechsel: Unterschied Nah- und Fernschuss

Lösen von 1-gegen-Torwart-Situation im Strafraum:
- ② Fuß-, Beinabwehr und Block
- ① schnelles Verkürzen der Distanz zum Angreifer, rechtzeitig in die Grundstellung

LERNZIELE RAUMVERTEIDIGUNG

Strafraumspiel bei hohen Flugbällen:
- ② Ballsicherung über Kopf, Anlauf und Absprung mit Vorgabe rechts/links (geworfene Bälle auf den 1. Pfosten)
- ① Ballsicherung der geworfenen und geschossenen Bälle von Außen aus größerer Distanz
- ① Einführung „Fausten"

Verhalten bei Standards:
- ② Stellungsspiel, Organisation der Abwehr (Mauerbildung)
- ① Anzahl der Mauerspieler je nach Position des Balles

Antizipierendes Mitspielen:
- ① Mitspielen hinter einer Abwehrkette mit verschiedenen Torentfernungen (Gruppentaktik)

Unterstützung bei Organisation der Abwehr:
- ① Einfluss nehmen auf das Spiel durch Kommunikation: Codewörter, Hilfestellung durch lautes Zurufen (Name und Anweisung)

LERNZIELE OFFENSIVSPIEL

Variable Verfügbarkeit der Fußtechniken:
- ② Stabilisieren des Abschlags: Dropkick und Volley, Abstoß mit dem Spann als Flugball Rückpass: erster Kontakt, Ballmitnahme, Beidfüßigkeit
- ① Erlernen des Hüftdrehstoßes

Variable Verfügbarkeit der Zuroll- und Abwurftechniken:
- ② Gezielter Abwurf: Schleuderwurf über Kopf; Beidseitigkeit!

Antizipierendes Mitspielen:
- ① Spielfortsetzung mit Vororientierung und Kommunikation

FRÜHEINSTIEG   ERLERNEN   STABILISIEREN   AUTOMATISIEREN   VERFEINERN

KOORDINATION

– Gleichgewichtsfähigkeit: Hindernisparcours, Sprünge (einbeinig/zweibeinig), Einbeinstand
– Reaktionsfähigkeit: Reagieren auf optische Signale in Kombination mit Dribbeln, Fintieren, Torabschluss
– Rhythmisierungsfähigkeit: Koordinationsleiter (1,2,3 Kontakte pro Feld, 2 nach vorne 1 zurück usw., Finten und deren Kombination)
– Kopplungsfähigkeit: Erlernte Techniken miteinander und mit anderen Bewegungen verbinden
– Umstellungsfähigkeit: Schnelle Anpassung der geplanten Aktion an die veränderte Situation (Ballverlust, abgefälschter Ball)
– Differenzierungsfähigkeit: Bewegungen mit und ohne Ball richtig ‚timen'
– Orientierungsfähigkeit: Spielfeld und Spielübersicht, Veränderungen der Spielsituation schnell erkennen, sich orientieren bei Veränderungen der eigenen Körperposition im Raum

Steigerung der Komplexität
– Technikschulung mit einer oder mehreren Zusatzaufgaben (doppelte oder dreifache Torabschlussaktion, vor/nach Zuspiel Laufkoordination, eine offensive Aktion folgt auf eine defensive Aktion)
– Trainieren mit Zeit-, Gegner- und Präzisionsdruck
– Trainieren von immer neuen, unkalkulierbaren Situationen (plötzlich den Aktionsraum wechseln, verschiedene Bälle einsetzen, Regeln)

KONDITION

SCHNELLIGKEIT

Kognitive Schnelligkeit – Im Kopf schnell sein

– Wahrnehmungsschnelligkeit: Komplexere Situationen (mehrere Bälle, Aufgaben, Torziele, Mannschaften)
– Entscheidungsschnelligkeit: Aus mehreren Optionen eine möglichst optimale schnell auswählen

Aktionsschnelligkeit – mit und ohne Ball schnell sein

– Lauf-, Fangspiele, Staffelwettbewerbe, Slalomlauf (Fördern des schnellen, geschickten Laufens)
– Freilaufen im engen Raum (kurze Distanzen, zyklische und azyklische Art)
– Finten mit plötzlichem Tempowechsel, um Gegner zu überwinden
– Das Ablaufen und Erobern des Balles in der Defensive
– Tempodribbling bei Kontersituationen

> – Immer auf ein gutes Erwärmen achten
> – Mit Wettbewerben maximale Einsatzbereitschaft erzeugen
> – Genügend Pausen machen, damit keine Ermüdung bei der Übung entsteht
> – Spielspezifische Distanzen wählen (überwiegend Sprints bis 10m)
> – Aktion startet meistens aus der Bewegung (spielnah trainieren)

KRAFT

– Hindernisparcours mit Springen, Hüpfen und vielseitigen Bewegungsaufgaben
– Spielerische Formen der Stabilisierung und Kräftigung (Schubkarre, Huckepack, Seilspringen, Aufgaben mit Ball)
– Tonisieren: Ein kurzes Stabi-Programm mit den wichtigsten Muskelgruppen (Bauch, Rücken, Oberschenkelvorder- und rückseite, schräge Bauchmuskeln)

> – Die Spieler auch eigenverantwortlich Kräftigungsübungen durchführen lassen und trotzdem korrigieren
> – Das Anforderungsprofil der erlernten Übungen aufgrund von Muskelzuwachs steigern

BEWEGLICHKEIT

- Regelmäßiges Dehnen überwiegend nach der Belastung (dynamische Übungen bevorzugen)
- Bewegungen mit Krafteinsatz, z. B. Hüfte nach außen drehen, Ausfallschritt nach vorne oder seitlich usw.
- Übungen zur Mobilisation der Wirbelsäule durchführen (Rotation, Streckung, Beugung)

- Gehaltenes Dehnen/Stretching vor schnellkräftigen Bewegungen mindert die folgende Leistungsfähigkeit und steigert die Verletzungsgefahr
- Mobilisationsübungen der Wirbelsäule ohne Schwung und kontrolliert durchführen
- Beweglichkeits- und Kräftigungsphasen kombinieren bzw. aneinander anknüpfen

---

AUSDAUER

- Grundlagenausdauer: Längere Spielzeiten in größeren Teams (7:7, 8:8, 9:9, 11:11) auf großem Spielfeld
- Fußballspezifische Ausdauer: Intervallartige Belastungen und Pausen auch im Spiel in kleineren Gruppen (1:1, 2:2, 3:3)

- In Spielformen durch Regeln/Sanktionen dafür sorgen, dass keiner steht oder geht
- Je weniger Spieler in den Spielformen umso höher die Belastung (Konsequenz: kürzere Spielzeiten)
- Waldlauf nur im Rahmen einer Teambuilding-Maßnahme
- Bewegungsintensive Aufwärmprogramme als weiterer Ausdauerimpuls nutzen (Passstationen, Parcours als Kombination mit Technikschulung usw.)

Kein klassisches Konditionstraining (wie z.B. Rundenlaufen, Waldlauf, Diagonalläufe)

 **TAKTIK**

- Freilaufen: Anspielstationen schaffen und sich anbieten
- Aktives Mitspielen in der Offensive und Defensive: Am Spiel immer aktiv teilnehmen und dem Mitspieler helfen
- Schnelles Umschalten Offensive/Defensive und Defensive/Offensive
- 11:11 Spielsysteme (4-4-2 flach, 4-4-2 Raute, 4-3-3), 4er Kette mit Hilfe einer Taktiktafel kennen und verstehen lernen
- Gruppentaktische Pressingsituationen

INDIVIDUALTAKTIK OFFENSIVE

Verhalten ohne Ball

- Spielübersicht: Offene Stellung beim Anbieten (spieloffensiv), Spielfeld und Gegenspieler im Blick haben, Vororientierung mit Schulterblick
- Stürmerverhalten: Schräges Kommen, aber nicht zu nah (Tiefe halten), den Gegenspieler mit Kontakt decken und kontrollieren
- Freilaufen: Offene/geschlossene Stellung (Vorbereitung auf die Folgeaktion), schräges Kommen, sich gegen Pass-/Laufrichtung bewegen und anbieten
- Passfenster öffnen und mit Laufbewegungen den Raum für Passwege öffnen
- Täuschungsbewegungen beim Freilaufen: Kurz kommen/lang gehen, lang gehen/kurz kommen, links täuschen/rechts laufen usw.

Verhalten am Ball

- Ball abschirmen und behaupten
- Ball klatschen lassen
- Ballmitnahme je nach Spielsituation: Gegen die Laufrichtung des Gegenspielers, in den Lauf
- Ballannahme: Ball totstoppen und den Ball mit dem zweiten Kontakt schnell weiterleiten (z.B. rechts stoppen, links passen)
- Gegenspieler schräg andribbeln und ihn zum Laufen bringen
- Mithilfe von Finten den Gegner auf den falschen Fuß locken und ausspielen/abspielen
- Den Ball in den Lauf oder in den Fuß (gegnerfern beachten) passen (mit einem Pass den Mitspieler führen)

INDIVIDUALTAKTIK DEFENSIVE

Gegner ohne Ball

- Spielübersicht: Abstand zum Gegner haben, überlappend näher zum Tor stehen, Ball in Schnittstelle abfangen, kompakt sein, Abstand zum Mitspieler beachten
- Das Spielgeschehen und Gegner im Blick haben (Schulterblick)
- Das Zuspiel antizipieren, auf Ballgewinn je nach Situation gehen
- Den Ball beobachten und nicht auf Lauffinten und Körpertäuschungen hereinfallen

FRÜHEINSTIEG ERLERNEN STABILISIEREN AUTOMATISIEREN VERFEINERN

Gegner am Ball

2 Anlaufen und Druck erhöhen, Deckungsschatten nutzen, um Bälle in die Tiefe/Schnittstelle zu verhindern, Querpässe provozieren

2 Gegner verlangsamen, Zeit gewinnen

2 Blick am Ball lassen, sich nicht von den Körperbewegungen täuschen lassen

2 Das Tempo des Gegners aufnehmen können, sich leichtfüßig auf den Fußballen bewegen, Fußspitzen mit Tendenz in die Laufrichtung

2 Innere Linie zumachen, direkte Torgefahr verhindern

2 Gegner lenken: Auf seine schwache Seite, auf meine starke Seite, zu meinem Mitspieler, nach außen

2 Balleroberungstechniken: Gegner ablaufen, Körper zwischen Ball und Gegner

2 Gegner mit dem Rücken zum Tor: Nicht drehen lassen, nicht immer auf Ballgewinn gehen, halber Arm Abstand mit tiefem Körperschwerpunkt

GRUPPENTAKTIK OFFENSIVE

Gleichzahl

2 Mutig sein und agieren

1 1:1 Situation suchen und damit Gegner binden

1 Kombinationsspiel nutzen (Doppelpass, Hinterlaufen, Spiel über den Dritten, direktes Spiel)

Überzahl

2 Gegner gezielt andribbeln, damit binden, um freien Mitspieler anzuspielen

1 So wenig Pässe wie möglich (Zeitverlust)

Unterzahl

2 Ball sichern/behaupten

1 Auf Unterstützung warten oder mutig alleine probieren

1 Gedanklichen Vorsprung ausnutzen

Zusammenspiel Mittelfeld und Sturm

2 Doppelpass im Zentrum und Doppelpass am Flügel

1 Spiel über den Dritten

1 Hinterlaufen

1 Tief-Klatsch Passfolge und Verhalten

1 Übergabe-Übernahme

Stürmerverhalten vorm Tor

2 Raumaufteilung und Besetzung der wichtigen Räume: Erster und zweiter Pfosten, Tormitte und Rückraum

1 Kreuzen der Stürmer: Ballnaher Spieler beginnt die Kreuzbewegung

Standards

1 Einwurf: Eigene Hälfte, Mittelfeld, gegnerische Hälfte

 **TAKTIK**

GRUPPENTAKTIK DEFENSIVE

Gleichzahl
2 Druck auf den Ball
1 Attackierenden Mitspieler absichern
1 Gegner ohne Ball im Auge behalten

Überzahl
2 Aktiv den Ball erobern wollen
1 Der tornahe Spieler agiert vorsichtig, sichert ab

Unterzahl
1 Zeit gewinnen
1 Sich fallen lassen (große Distanz zum Tor)
1 Aus Unterzahl mit geschicktem Anlaufen Gleichzahl schaffen

Ballorientiertes Spiel
2 Verschieben und Kommunizieren, Deckungsschatten, Passwege zumachen
1 Absichern
1 Doppeln
1 Gegenspieler übergeben – übernehmen

Standards – Freistoß und Eckball
1 Manndeckung
1 Raumdeckung

Pressing
1 Angriffspressing

MANNSCHAFTSTAKTIK OFFENSIVE
1 Besetzung der Positionen und räumliche Aufteilung (wird aber oft im Rahmen der Individual- oder Gruppentaktik behandelt)

MANNSCHAFTSTAKTIK DEFENSIVE
1 Standards: Eckball- und Freistoßaufgaben und Aufteilung

C-JUNIOREN (U14/U15)
ÜBERBLICK DER TRAININGSINHALTE

Technik

- Torschüsse unter Druck
- Technik-Schulung (individuell & positionsspezifisch)
- Ballführung auf engstem Raum

Torwart

- Stellungsspiel
- Flugbälle und Standards
- Abschlag / Abstoß / Abwurf

Koordination

- Gleichgewicht, Reaktion, Differenzierung, …
- Wie bei den D-Junioren, nur komplexer
  (Zusatzaufgaben, unter Druck, neue Situationen)

Kondition

- Aktionsschnelligkeit / kognitive Schnelligkeit
- Spielerische Stabilität / Kräftigung
- Ausdauer durch viele Spiele / stetige Belastung

Taktik

- Spielübersicht / Freilaufen / Anlaufen
- Gegner auf sich ziehen / Zusammenspielen
- Räumliche Aufteilung

5. LEISTUNGSBEREICH U16-U19

LERNZIELE

B-JUNIOREN (U16/U17)

- Ernsthaftigkeit, Leistungswille und Freude am Fußballspielen
- Dynamische Techniken: Exakte Abläufe unter Zeit- und Gegnerdruck
- Vorbereitung auf die positionsspezifischen Anforderungen
- Vertiefung Gruppentaktik und zielorientiertes Anwenden im Team
- Individuelle Stabilisierung einer umfassenden Fitness

A-JUNIOREN (U18/U19)

- Ernsthaftigkeit, Leistungswille und Freude am Fußballspielen
- Dynamische Techniken: Exakte Abläufe unter Zeit- und Gegnerdruck
- Spezialisierung auf die positionsspezifischen Anforderungen
- Kreatives Angreifen und variables, kompaktes Verteidigen im Team
- Individuell optimale Fitness und Belastbarkeit

PHYSISCHE UND PSYCHISCHE MERKMALE

B-JUNIOREN (U16/U17)

- Heranreifen zu selbstbewussten und autonomen Persönlichkeiten
- Klare Interessen, Ansichten und Charaktermerkmale
- Verbesserte Auffassungsgabe
- Verstärktes Lösen von ich-bezogenem Denken
- Zunehmende Einsicht für Sachprobleme und Teaminteressen
- Ausgleich der Körperproportionen durch Breitenwachstum
- Verbessertes Koordinationsvermögen
- Körperliche Harmonie durch Stärkung der Muskulatur und Anpassung der Organe
- Kraftzuwachs

A-JUNIOREN (U18/U19)

- Psychische Ausgeglichenheit
- Gefestigtere (aber noch nicht voll ausgeprägte) Persönlichkeit
- Relativ klare sportliche Ziele und Einstellung
- Gewisse Stabilität gegenüber äußeren Einflüssen
- Ausprägung sozialer Kompetenzen, stärkere Teamorientierung
- Anpassung an das körperliche Erscheinungsbild Erwachsener
- Mit Erwachsenen vergleichbare Belastbarkeit
- Kraftzuwachs
- Größere konditionelle Unterschiede innerhalb des Teams

LEITLINIE FÜR TRAINER

B-JUNIOREN (U16/U17)
– Der Vorbildfunktion bewusst sein
– Authentisch bleiben, keine Rolle spielen
– Gemeinsame Regeln vereinbaren
– Mitbestimmungsmöglichkeiten schaffen
– Lebenshintergründe und außersportliche Probleme kennen
– Mit jedem kommunizieren und Abläufe rund um Spiel und Training begründen
– Konflikte rechtzeitig erkennen und konstruktiv lösen
– Außenseiterrolle nicht zulassen
– Konstruktiv, dosiert und sensibel kritisieren
– Nicht nur Leistung, sondern auch Persönlichkeit fördern

A-JUNIOREN (U18/U19)
– Der Vorbildfunktion bewusst sein
– Souverän, positiv und emotional stabil sein
– Regelkatalog zusammen im Team erarbeiten
– Jugendliche bei vielen Prozessen rund um das Team mitbestimmen lassen, als Trainer aber eine klare Orientierung vermitteln
– Offen, fair und durchsetzungsstark sein
– Fußballübergreifende Angebote zur Stärkung sozialer Kontakte, Kommunikation, Erlebnisse ermöglichen
– Nicht alles an Spielergebnissen messen
– Unkomplizierte und schnelle Integration der Jugendspieler im Seniorenbereich

69

GEWICHTUNG DER INHALTE

B-JUNIOREN (U16/U17)

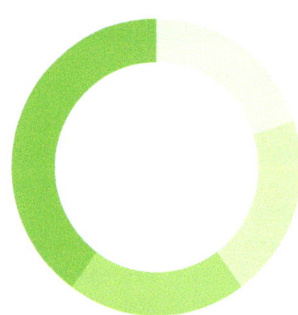

40%
Fußballspiele mit Schwerpunkten und freies Spielen

20%
Positionsspezifisches Technik-Training

20%
Systematische fußballspezifische Konditionsschulung

20%
Individual-, gruppen- und mannschaftstaktische Grundlagen

A-JUNIOREN (U18/U19)

40%
Fußballspiele mit Schwerpunkten und freies Spielen

20%
Positionsspezifisches Technik-Training

20%
Systematische fußballspezifische Konditionsschulung

20%
Individual-, gruppen- und mannschaftstaktische Grundlagen

5.1. B-JUNIOREN (U16/U17)

Bei den B-Junioren ist die Pubertät größtenteils überwunden und die Jugendlichen stehen vor dem Übergang ins Erwachsenenalter. Die Entwicklungsmöglichkeiten sind durch die geistige und körperliche Balance ideal und wird deshalb als zweites goldenes Lernalter bezeichnet. Der Hormonhaushalt ist nun wieder mehr im Gleichgewicht. Der höhere Testosteronspiegel im Körper bedingt, dass der Kraftzuwachs erfolgreich trainiert werden kann, was somit optimale athletische Voraussetzungen bietet. Auch für die Bewegungsdynamik hat die stärkere Muskulatur einen positiven Effekt, deswegen können große Fortschritte in den Bereichen der Schnell- und Sprungkraft erzielt sowie die koordinativen Fähigkeiten stabilisiert und verbessert werden. Die körperlichen Veränderungen der Jugendlichen lassen nach, dadurch erhalten sie innere Balance und mehr Selbstbewusstsein. Ihre Persönlichkeit entwickelt sich immer weiter, sie haben klare Interessen, Ansichten, entwickeln Charaktermerkmale und werden erwachsen. Sie sind konzentrierter sowie geistig reifer. Diese optimalen körperlichen und geistigen Entwicklungsbedingungen motivieren auch die Spieler selbst und zeigen hohe Lern- und Leistungsbereitschaft.

Als Trainer musst du dabei übermotiviertes Verhalten erkennen können und bei Bedarf eindämmen. Insgesamt fällt es den Spielern in dem Alter leichter, im Interesse des Teams zu handeln. Ziel ist es, weiterhin Freude am Fußballspielen und zugleich Ernsthaftigkeit sowie Leistungswille zu vermitteln. Hauptsächlich soll bereits Erlerntes vertieft werden.

- Sei dir als Trainer der Vorbildfunktion bewusst, bleibe authentisch und spiele keine Rolle.
- Schaffe Möglichkeiten der Mitbestimmung für die Spieler und vereinbare mit ihnen gemeinsam die Regeln.
- Kenne idealerweise ihre Lebenshintergründe und die außersportlichen Probleme.
- Kommuniziere mit jedem Spieler und begründe Abläufe rund um die Spiele und das Training. Kritisiere stets dosiert und sensibel sowie konstruktiv, genauso wie du Konflikte konstruktiv lösen sollst.
- Lasse es nicht zu, wenn einzelne Spieler in eine Außenseiterrolle gedrängt werden und achte darauf, dass du neben der Leistung auch die Persönlichkeit förderst.

71

B-JUNIOREN (U16/U17)

TRAININGSINHALTE

40 %
Fußballspiele mit
Schwerpunkten und
freies Spielen

20 %
Positionsspezifisches
Technik-Training

20 %
Systematische
fußballspezifische
Konditionsschulung

20 %
Individual,- gruppen- und
mannschaftstaktische
Grundlagen

SYSTEMATISCHE FUSSBALLSPEZIFISCHE KONDITIONSSCHULUNG

– Funktionelles, individuell ausgerichtetes Fitnessprogramm zur Kräftigung und Beweglichkeit
– Komplexe Ausdauerschulung durch belastungsgesteuerte Spielformen
– Motivierende, stets fußballspezifische Schnelligkeitsaufgaben
– Komplexe Anforderungen in vielseitigen Situationen (Koordination)

PRAXISTIPPS

– Konditionelle Schwerpunkte v.a. mit komplexer, fußballnaher Ausrichtung einplanen
– Schnelligkeitsschulung in Laufduellen mit/ohne Ball und Ausdauerschulung nur durch
   Fußballspielen
– Dynamisches Laufen mit kognitiver Anforderung kombinieren (Erkennen, Orientieren,
   Reagieren)

INDIVIDUAL- UND GRUPPENTAKTISCHE GRUNDLAGEN

– Positionsspezifisches Agieren im 1:1 (Offensive und Defensive)
– Stabilisieren der gruppen- und mannschaftstaktischen Mittel (Offensive und Defensive)

PRAXISTIPPS

– Längere Lernabschnitte für das Vermitteln einplanen, Schritt für Schritt vermitteln und
   Anforderung je nach Können steigern
– In konkreten Spielsituationen mit unmittelbaren Korrekturen helfen
– Jugendliche aktiv einbinden (Fragen stellen)
– An der Taktiktafel arbeiten

POSITIONSSPEZIFISCHES TECHNIK-TRAINING

– Beidfüßigkeit, schnelle Techniken
– Variable, stabile und sinnvolle Anwendung aller Techniken in Wettbewerbssituationen
– Dosierte positionspezifische Technikschulung
– Verbindung des Technik-Intensivtrainings mit Zusatzanforderungen

PRAXISTIPPS

– Im Detail trainieren!
– Aufwärmen als idealer Zeitpunkt des Techniktrainings
– Effiziente individuelle Bewegungsabläufe zulassen
– Stets auf korrekte und dynamische Abläufe achten
– Spieler aktiv in die Lernprozesse einbinden

FUSSBALLSPIELEN MIT SCHWERPUNKTEN UND FREIES SPIELEN

– Spaß und Freude am Fußballspielen!
– Fördern von Kreativität, Eigeninitiative und Selbstbewusstsein
– Taktikschwerpunkte:
  – Schnelles Umschalten und Schnelligkeit im Spiel
  – Herausspielen/Verwerten von Torchancen
  – Spielaufbau
  – Aktives Verteidigen in Pressingzonen
– Vertiefen der positionsspezifischen Aufgaben im funktionierenden Teamverband
– Gruppen- und mannschaftstaktische Schulung durch Spielformen in 6:6 bis 9:9 ergänzen

PRAXISTIPPS

– Durch Spielorganisation und Zusatzregeln den Taktik-Schwerpunkt hervorheben
– Spieler regelmäßig mit positionsspezifischen Aufgaben konfrontieren
– Keine starren Automatismen
– Aktiv in geeigneten Situationen coachen

B-JUNIOREN (U16/U17)

 **TECHNIK**

> – Schnelle Techniken (hohes Tempo), Beidfüßigkeit, Spielübersicht
> – Dosierte positionsspezifische Technikschulung
> – Sensibilisierung der Bedeutung korrekter Techniken und Motivation für konzentriertes Üben
> – Techniken müssen ideal eingesetzt werden, um Taktik ideal umsetzen zu können

FINTIEREN

- ❹ Tip-Tap, Wischer, Matthews, Übersteiger, Ronaldo, Rivelino, Torschussfinte, Zidane, Schere, Sohlenzieher
- ❹ Tempo steigern nach einer bereits erlernten Finte
- ❸ Freilaufbewegungen und Täuschungsbewegung
- ❸ Gegner im Rücken: Schieber, Pirouette, Eindrehen
- ❸ Gegner seitlich: Lokomotive, Torschussfinte
- ❷ Doppelfinten und mehrfache Fintenkombinationen

DRIBBELN

- ❹ Ballführung mit der Innen- und Außenseite, dem Spann und der Sohle
- ❸ Richtungsänderung, Abkappen mit der Innenseite, der Außenseite und der Sohle
- ❸ Dribbling im engen Raum: Ballsicherung mit der Innenseite-, der Außenseite und der Sohle
- ❸ Spielübersicht (Radarblick 360°-Orientierung)
- ❸ Raumüberwindendes Tempodribbling mit dem Voll- und Außenspann
- ❸ Tempowechsel beim Dribbling mit der Innen- und Außenseite sowie mit dem Voll- und Außenspann, gegnerüberwindendes Dribbling

SCHUSSTECHNIKEN

- ❹ Torabschluss mit dem Vollspann, der Innenseite und dem Innenspann
- ❸ Torabschluss mit dem Außenspann
- ❸ Volley (Innenseite, Vollspann), Dropkick (Voll- und Außenspann)
- ❸ Spitzkick über kurze Distanz
- ❷ Hüftdrehstoß, Flugkopfball
- ❶ Fallrückzieher

PASSTECHNIKEN

- Passen mit der Innenseite und dem Vollspann im Stand und aus der Bewegung, kurze Passdistanz
- Kurzpass mit dem Innenspann und der Außenseite
- Passen mit dem Innen-, Voll- und Außenspann flach über längere Distanz
- Flankentechnik: hoher Ball mit dem Innenspann über lange Distanz
- Flugballtechnik: mit dem schrägen Vollspann über lange Distanz
- mit dem Außenspann über lange Distanz als Flanke oder Zuspiel
- Druckpass spielen können/sich trauen

BALLANNAHME/BALLMITNAHME

- Ballannahme: Nach flachem Zuspiel totstoppen und mit der Innen- und Außenseite sowie der Sohle kontrollieren
- Ballmitnahme: Nach flachem Zuspiel mit der Innenseite über das Standbein und der Außenseite
- Ballmitnahme: Mit der Innenseite über das Spielbein (offene Stellung mit Schulterblick)
- Ballannahme: Halbhoher/hoher Ball mit der Innenseite, der Außenseite, dem Oberschenkel, dem Vollspann, der Brust und dem Kopf
- Ballmitnahme: Hoher Ball mit der Innenseite, der Außenseite und dem Vollspann
- Ballmitnahme: Halbhoher/hoher Ball mit dem Oberschenkel, der Brust und dem Kopf

KOPFBALLTRAINING

- Gerader und schräger Kopfball im Stand nach einem Zuwurf (geradeaus)
- Gerader und schräger Kopfball nach einer Flanke oder einem Flugball aus der Laufbewegung und aus dem Sprung einbeinig und beidbeinig
- Flugkopfball

75

FRÜHEINSTIEG 1 ERLERNEN 2 STABILISIEREN 3 AUTOMATISIEREN 4 VERFEINERN

TORWARTSPIEL

LERNZIELE ZIELVERTEIDIGUNG

Situationsgemäßes Anwenden der Torwarttechniken bei Torabschluss:
- ❸ Techniken: Auftaktbewegung in die Grundstellung, Bewegung zum Ball, Fangen und Ablenken, Falltechnik Abtauchen und Abkippen, Aufstehen, Fußabwehr, Ablauf zum weiter entfernten Ball, Schrittfolge und Übergreifen

Stellungsspiel beim Torabschluss:
- ❸ Verhaltensweise bei Bällen aus unterschiedlichen Distanzen und wechselnden Zonen
  Verhalten in den Torwartzonen (Nahdistanz): Standzone, Stütz- und Kippzone
  Verhalten in der Abdruckzone
  Torwartverhalten bei Zonenwechsel, Unterschied Nah- und Fernschuss

Lösen von 1-gegen-Torwart-Situation im Strafraum:
- ❷ Gegen Dribbler mit Zonenwechsel und variablem Angreiferverhalten: Fuß-, Beinabwehr und Block, schnelles Verkürzen der Distanz zum Angreifer, rechtzeitig in die Grundstellung

LERNZIELE RAUMVERTEIDIGUNG

Strafraumspiel bei hohen Flugbällen:
- ❷ Abfangen von hohen Bällen in komplexen Situationen, Schrittfolge, Festigen der Technik Fausten

Verhalten bei Standards:
- ❷ Optimieren des eigenen Stellungsspiels, sichere Organisation der Abwehr (Mauerbildung)

Antizipierendes Mitspielen:
- ❷ Wettkampfgemäßes Mitspielen hinter einer Abwehrkette mit verschiedener Torentfernung
- ❶ Mannschaftstaktik

Unterstützung bei Organisation der Abwehr:
- ❶ Konkretes Coachen der Abwehrkette, Kenntnis der mannschaftstaktischen Ausrichtung

LERNZIELE OFFENSIVSPIEL

Variable Verfügbarkeit der Fußtechniken:
- ❸ Abschlag: Dropkick und Volley; Abstoß mit dem Spann als Flugball
  Rückpass: erster Kontakt, Ballmitnahme, Beidfüßigkeit
- ❷ Hüftdrehstoß

Variable Verfügbarkeit der Zuroll- und Abwurftechniken:
- ❸ Gezielter Abwurf: Schleuderwurf über Kopf, Beidseitigkeit

Antizipierendes Mitspielen:
- ❷ Spielfortsetzung unter Zeit- und Gegnerdruck

KOORDINATION

> **PRAXISTIPPS**
> – Intensive Koordinationsschulung: Vielseitig, variationsreich und herausfordernd gestalten
> – Koordinative Aufgaben mit Techniktraining verknüpfen
> – Lauf-ABC **nicht** als einziges Koordinationstraining betrachten!

– Gleichgewichtsfähigkeit: Motivierendes, engagiertes und robustes Kräftemessen (Storchenkampf, Aufrichten, Abschlagen, aus dem Feld ziehen)
– Reaktionsfähigkeit: Reagieren auf v.a. optische Signale in Kombination mit Dribbeln, Fintieren, Torabschluss
– Rhythmisierungsfähigkeit: Koordinationsleiter (1,2,3 Kontakte Pro Feld, 2 nach vorne 1 zurück usw., Finten und deren Kombination usw.)
– Kopplungsfähigkeit: Vorgeschaltete Aktionen (Torabschluss, Passen, Spiel 4:4 usw.) mit Anschlussaktion verbinden (1:1, 2:2, Doppelter Torabschluss, usw.)
– Umstellungsfähigkeit: Schnelle Anpassung der geplanten Aktion an die veränderte Situation (Ballverlust, abgefälschter Ball), Spieler müssen in kürzester Zeit viele Informationen verarbeiten
– Differenzierungsfähigkeit: Bewegungen mit und ohne Ball richtig timen (Ballgefühl)
– Orientierungsfähigkeit: Rundum-Orientierung und schnelle Blickbewegung fördern und fordern
– Schnelles Erkennen von Veränderungen und eigener Position

FRÜHEINSTIEG ERLERNEN STABILISIEREN AUTOMATISIEREN VERFEINERN

 **KONDITION**

SCHNELLIGKEIT

Kognitive Schnelligkeit – Im Kopf schnell sein
– Wahrnehmungsschnelligkeit: Komplexere Situationen (mehrere Bälle, mehrere Aufgaben, mehrere Torziele und/oder mehrere Mannschaften)
– Entscheidungsschnelligkeit: Aus mehreren Optionen eine möglichst optimale, schnell auswählen

Aktionsschnelligkeit – mit und ohne Ball schnell sein
– Staffelwettbewerbe, Slalomlauf (Fördern des schnellen, geschickten Laufens)
– Freilaufen im engen Raum (kurze Distanzen zyklischer und azyklischer Art)
– Finten mit plötzlichem Tempowechsel, um Gegner zu überwinden
– Das Ablaufen und erobern des Balles in der Defensive
– Tempodribbling und schnelle Beteiligung der Mitspieler (Kontersituationen)

PRAXISTIPPS
– Immer auf gutes Aufwärmen und genügend aktive Pausen achten
– Wettbewerbscharakter der Übungen (z.B. Wettläufe zum Ball mit einer Anschlussaktion)
– Positionstypische Distanzen wählen (z.B. ein 6er läuft 5m-Strecke jeweils vier Sprints mal fünf Serien, Außenmittelfeld Spieler 10m-Strecke jeweils drei Sprints mal drei Serien)
– Aktion startet meistens aus der Bewegung (spielnah trainieren)
– Die Spieler in kürzester Zeit immer wieder in neue Spielsituation bringen

---

KRAFT

– Funktionsprogramm im Rahmen des Tonisierens: Ein kurzes Stabi- und Beweglichkeits-Programm der Rumpfmuskulatur

---

PRAXISTIPPS
– Die Spieler zur Eigenverantwortung motivieren
– Qualität vor Quantität
– Weniger isolierte Muskeln trainieren, sondern Übungen wählen, bei denen mehrere Muskeln, Gelenke und Bänder beteiligt sind

---

BEWEGLICHKEIT

- Dynamische Mobilisierungsübungen der einseitig beanspruchten Muskeln und deren Gegenspielern
- Bewegungen mit Krafteinsatz (z.B. Hüfte nach außen drehen, Ausfallschritt nach vorne oder seitlich)
- Mobilisationsübungen der Wirbelsäule durchführen (Rotation, Streckung, Beugung)

PRAXISTIPPS

- Gehaltenes Dehnen/Stretching vor schnellkräftigen Bewegungen mindert die Leistungsfähigkeit und steigert die Verletzungsgefahr
- Mobilisationsübungen der Wirbelsäule ohne Schwung und kontrolliert durchführen
- Mix an Aufgaben zur Verbesserung von Kraft, Beweglichkeit und Koordination
- Individuelle Ausrichtung auf muskuläre Anforderungen/Schwachpunkte der Spieler

---

AUSDAUER

- Variantenreiche Läufe: Neue, variantenreiche Laufwege statt monotone Rundläufe
- Ausdauerparcours (gut mit Technikaufgaben kombinierbar)
- Spezielle Spielformen: Je nach Ziel auf Tore (z.B. Verschieben) oder im Raum (z.B. Ballbesitz oder Kombinationsspiel) spielen
- Kombination von Spiel und Lauf (z.B. 6:6 spielen + vier Spieler laufen mit Ball in einem Parcours, nach Tor wechseln die Spieler in vorher bestimmter Reihenfolge)

PRAXISTIPPS

- In Spielformen durch Regeln/Sanktionen dafür sorgen, dass keiner steht oder geht!
- Intensität durch Spieleranzahl und Feldgröße steuern
- Waldlauf nur im Rahmen einer teambildenden Maßnahme, eventuell bei genügend Trainingseinheiten in der Woche (ab vier pro Woche)
- Bewegungsintensive Aufwärmprogramme als weiterer Ausdauerimpuls nutzen (Passstationen, Technikparcours, usw.)
- Bei Parcours und Läufen auf etwa gleich starke Läufergruppen achten

---

 **TAKTIK**

- Freilaufen: Anspielstationen schaffen, sich anbieten
- Aktives Mitspielen in der Offensive und Defensive: Am Spiel immer aktiv teilnehmen, dem Mitspieler helfen
- Schnelles Umschalten Offensive/Defensive und Defensive/Offensive
- Spielsysteme (4-4-2 flach, 4-4-2 Raute, 4-3-3) variabler umsetzen und wechseln

INDIVIDUALTAKTIK OFFENSIVE
Verhalten ohne Ball
- Spielübersicht: Offene Stellung beim Anbieten (spieloffensiv), Spielfeld und Gegenspieler im Blick haben, Vororientierung mit Schulterblick
- Stürmerverhalten: Schräges Kommen aber nicht zu nah (Tiefe halten), den Gegenspieler mit Kontakt decken und kontrollieren
- Freilaufen: Offene/geschlossene Stellung (Vorbereitung auf die Folgeaktion), schräg kommen, sich gegen Pass-/Laufrichtung bewegen und anbieten
- Passfenster öffnen, mit Laufbewegung den Raum für Passwege öffnen
- Täuschungsbewegungen beim Freilaufen: Kurz kommen/lang gehen, lang gehen/kurz kommen, links täuschen/rechts laufen usw.

Verhalten am Ball
- Ball abschirmen und behaupten
- Ball klatschen lassen
- Ballmitnahme je nach Spielsituation: Gegen Laufrichtung des Gegenspielers, in den Lauf
- Ballannahme: Ball totstoppen und den Ball mit dem zweiten Kontakt schnell weiterleiten (z.B. rechts stoppen, links passen)
- Gegenspieler schräg andribbeln, ihn zum Laufen bringen
- Mit Hilfe von Finten den Gegner auf falschen Fuß locken und ausspielen/abspielen, den Ball in den Lauf oder in den Fuß (gegnerfern beachten) passen (mit einem Pass den Mitspieler führen)

INDIVIDUALTAKTIK DEFENSIVE
Gegner ohne Ball
- Spielübersicht: Abstand zum Gegner haben, überlappend näher zum Tor stehen, Ball in Schnittstelle verhindern, kompakt an nahem Mitspieler sein
- Das Spielgeschehen und Gegner im Blick haben (Schulterblick)
- Das Zuspiel antizipieren, auf Ballgewinn je nach Situation gehen
- Den Ball beobachten und nicht auf Lauffinten und Körpertäuschungen hereinfallen

Gegner am Ball
- Anlaufen und Druck erhöhen, Deckungsschatten nutzen, um Bälle in die Tiefe/Schnittstelle zu verhindern, Querpässe provozieren
- Gegner verlangsamen, Zeit gewinnen

- Blick auf Ball lassen, sich nicht von der Körperbewegung täuschen lassen
- Tempo des Gegners aufnehmen, sich leichtfüßig auf den Fußballen bewegen, Fußspitzen mit Tendenz in die Laufrichtung des Gegners
- Innere Linie zumachen, direkte Torgefahr verhindern
- Gegner lenken: Auf seine schwache Seite, auf meine starke Seite, zu meinem Mitspieler, nach außen
- Balleroberungstechniken: Gegner ablaufen, Körper zwischen Ball und Gegner
- Gegner mit dem Rücken zum Tor: Nicht drehen lassen, nicht immer auf Ballgewinn gehen, halber Arm Abstand mit tiefem Körperschwerpunkt

GRUPPENTAKTIK OFFENSIVE

Gleichzahl
- Mutig sein und agieren
- 1:1 Situation suchen und damit Gegner binden
- Kombinationsspiel nutzen (Doppelpass, Hinterlaufen, Spiel über den Dritten, direktes Spiel)

Überzahl
- Gegner gezielt andribbeln und damit binden, um freien Mitspieler anzuspielen
- So wenig Pässe wie möglich (Zeitverlust)

Unterzahl
- Ball sichern/behaupten
- Auf Unterstützung warten oder mutig alleine probieren
- Gedanklichen Vorsprung ausnutzen

Zusammenspiel Mittelfeld und Sturm
- Doppelpass im Zentrum und Doppelpass am Flügel
- Spiel über den Dritten
- Hinterlaufen
- Tief-Klatsch Passfolge und Laufverhalten
- Übergabe-Übernahme

Stürmerverhalten vorm Tor
- Raumaufteilung und Besetzung der wichtigen Räume: 1., 2. Pfosten, Tormitte und Rückraum
- Kreuzen der Stürmer: Ballnaher Spieler beginnt die Kreuzbewegung

Standards
- Einwurf: Eigene Hälfte, Mittelfeld, gegnerische Hälfte
- Eckballvarianten
- Freistoßvarianten

 **TAKTIK**

GRUPPENTAKTIK DEFENSIVE

Gleichzahl
- Druck auf den Ball
- Attackierenden Mitspieler absichern
- Gegner ohne Ball im Auge haben

Überzahl
- Aktiv den Ball erobern wollen
- Der tornahe Spieler agiert vorsichtig, sichert ab

Unterzahl
- Zeit gewinnen
- Sich fallen lassen
- Aus Unterzahl mit geschicktem Anlaufen Gleichzahl schaffen

Ballorientiertes Spiel
- Verschieben und Kommunizieren
- Absichern
- Doppeln
- Gegenspieler übergeben – übernehmen

Standards – Freistoß und Eckball
- Manndeckung
- Raumdeckung

MANNSCHAFTSTAKTIK OFFENSIVE

Spielaufbau

1 Blank spielen eines Außenverteidigers
1 Situativ aus der 3er Kette mit fallendem 6er
1 Hochstehende Außenverteidiger
1 Sturmlinie mit 3-4 Spielern besetzen
1 Spielverlagerung

Freistoß und Eckball

1 Kurz spielen
1 Ball auf den ersten oder zweiten Pfosten

MANNSCHAFTSTAKTIK DEFENSIVE

Ballorientiertes Spiel

1 Verteidigungshöhe
1 Verschieben, Räume eng machen
1 Passwege zumachen
1 Überzahl schaffen
1 Abseits nutzen

Pressing

1 Angriffspressing
2 Mittelfeldpressing
1 Abwehrpressing

Eckball

1 Manndeckung, Raumdeckung
1 Grundordnung, Besetzung der Pfosten

Freistoß

1 Manndeckung, Raumdeckung
1 Höhe der Verteidigung

B-JUNIOREN (U16/U17)

ÜBERBLICK DER TRAININGSINHALTE

Technik

– Schnelle Techniken
– Positionsspezifische Techniken
– Bedeutung korrekter Technik

Torwart

– Automatisieren erlernter Techniken
– Stellungsspiel optimieren

Koordination

– Intensives Koordinationstraining
– Mit Techniktraining verknüpfen

Kondition

– Wahrnehmungs-, Entscheidungs- und
  Aktionsschnelligkeit
– Mobilisationsübungen
– Variierende Ausdauerübungen

Taktik

– Spielübersicht, Freilaufen und Anlaufen
– Aktives Mitspielen in Defensive
– Mannschaftstaktische Inhalte

5.2. A-JUNIOREN (U18/U19)

Die A-Junioren sind bereits junge Erwachsene. In diesem Alter ist ihr Auftreten hauptsächlich von erwachsener Reife geprägt, sie können in vielen Bereichen mitreden und möchten dabei ernst genommen werden. Dieser Reifeprozess ist teilweise jedoch noch in der Entwicklung, weshalb eine gewisse Unreife normal ist.

Der Körper ist nun nahezu voll entwickelt und bildet somit ideale athletische Bedingungen und optimales Trainingspotenzial. Durch die starke Muskulatur ist eine hohe Bewegungsdynamik sowie ein Zuwachs der gesamten Kraftbereiche vorhanden. Wichtig ist dabei aber zu beachten, dass sie das Erwachsenenalter gerade erst erreichen und somit nicht exakt dieselbe Belastbarkeit erwartet werden kann wie bei Erwachsenen. Dabei können zwischen den Spielern größere konditionelle Unterschiede auftreten. Die A-Junioren sind in ihrer physischen und psychischen Entwicklung weit fortgeschritten und können ihre Fähigkeiten im Sport bewusst einsetzen. Sie haben relativ klare sportliche Ziele und sind stabil gegenüber äußeren Einflüssen. Als Trainer kannst du diese Leistungsbereitschaft durch Lob und Motivation weiterhin fördern. Auch die Eigenmotivation der Spieler ist sehr hoch und so-

mit ihre Erwartungen an sich und das Training. Dabei ist es wichtig, die Anforderungen nicht zu hoch anzusetzen, da die Spieler sonst schnell frustriert sein können. In der Mannschaft zeigen sie stärkere Teamorientierung und haben sehr ausgeprägte Sozialkompetenzen. Ziel ist es, den Leistungswillen zu fördern und dabei weder die Ernsthaftigkeit noch die Freude am Fußballspielen zu verlieren. Die A-Junioren-Phase dient hauptsächlich dazu, bereits Erlerntes zu stabilisieren, zu automatisieren und zu verfeinern.

Als Trainer hast du selbst bei den A-Junioren noch eine Vorbildfunktion, der du dir bewusst sein musst. Tritt souverän und positiv auf, sei dabei emotional stabil, offen, fair und durchsetzungsstark. Wichtig ist es, die Jugendlichen bei vielen Prozessen rund um das Team mitbestimmen zu lassen, beispielsweise beim Regelkatalog. Dadurch wird das Verhalten und der Umgang im Team auf gemeinschaftlicher Basis und für alle einvernehmlich gebildet. Durch Freizeitangebote werden soziale Kontakte gestärkt und gemeinsame Erlebnisse ermöglicht. Miss die Leistung nicht nur an den Spielergebnissen und bereite die Spieler so vor, dass sie unkompliziert und schnell in den Seniorenbereich integriert werden können.

LEITLINIEN UND AUSBILDUNGSZIELE

Das priorisierte Ziel bei den A-Junioren liegt in der Vorbereitung auf größere Anforderungen im Seniorenfußball!

ANFORDERUNGEN DES ERWACHSENENFUSSBALLS
– Robuste und abgeklärte Spielweise
– Taktische Cleverness
– Klare Hierarchien im Team
– Äußere Einflüsse auf das Team (Vorstand, Spielausschuss, Fans)
– Größerer Erfolgsdruck

LEITLINIEN FÜR DEN VEREIN UND TRAINER
– Rechtzeitiger Aufbau eines persönlichen Kontaktes von Seniorenbereich und Jugendspieler
– Respektvolles und offenes Miteinander zwischen Junioren- und Seniorenbereich
– Vorzeitige Integration von ambitionierten A-Jugendspielern in den Seniorenbereich

Eine stabile Leistung unter Druck des Gegners, der Tabellensituation und den eigenen oder fremden Erwartungen abzurufen sollte angestrebt werden. Sportliche Ambitionen und Siegeswille fördern ohne dominierenden Erfolgszwang mit negativen Folgen wie z.B. wenig Einsatzzeiten oder demotivierendes Coaching, sollten gefördert werden.

Im Bereich Konditionsschulung sollte eine dosierte Vorbereitung auf die Anforderungen des Seniorenfußballs stattfinden. Konditionelle Anforderung schrittweise steigern ohne Überlastung!

87

A-JUNIOREN (U18/U19)

TRAININGSINHALTE

40 %
Fußballspiele mit
Schwerpunkten und
freies Spielen

20 %
Positionsspezifisches
Techniktraining

20 %
Systematische
fußballspezifische
Konditionsschulung

20 %
Individual-, gruppen- und
mannschaftstaktische
Grundlagen

SYSTEMATISCHE FUSSBALLSPEZIFISCHE KONDITIONSSCHULUNG

– Funktionelles, individuelles Programm: Kräftigung, Beweglichkeit
– Komplexe Ausdauerschulung durch belastungsgesteuerte Spielformen
– Motivierende, stets fußballspezifische Schnelligkeitsaufgaben
– Komplexe Aufgaben in vielseitigen Situationen (Koordination)

> **PRAXISTIPPS**
>
> – Konditionelle Schwerpunkte v.a. mit komplexer, fußballnaher Ausrichtung einplanen
> – Schnelligkeitsschulung in Laufduellen mit/ohne Ball
> – Ausdauerschulung auch durch variantenreiche Läufe
> – Dynamisches Laufen mit kognitiver Anforderung kombinieren (Erkennen, Orientieren, Reagieren)

INDIVIDUAL- UND GRUPPENTAKTISCHE GRUNDLAGEN

– Erschwertes positionsspezifisches Agieren im 1:1 (Offensive und Defensive)
– Vertiefen der gruppen- und mannschaftstaktischen Mittel (Offensive und Defensive)

> **PRAXISTIPPS**
>
> – Längere Lernabschnitte für das Vermitteln einplanen (Schritt für Schritt vermitteln und Anforderung je nach Können steigern)
> – In konkreten Spielsituationen mit unmittelbaren Korrekturen helfen
> – Jugendliche aktiv einbinden (Fragen stellen)
> – An der Taktiktafel arbeiten

POSITIONSSPEZIFISCHES TECHNIKTRAINING

– Beidfüßigkeit (schnelle Techniken)
– Variable, stabile und sinnvolle Anwendung aller Techniken in spielnahen Wettbewerbssituationen
– Verbindung des Technik-Intensivtrainings mit Zusatzanforderungen
– Intensivierung der positionsspezifischen Technikschulung

PRAXISTIPPS

– Positionsspezifisch und individuell trainieren (Stärken-Schwächen Analyse)!
– Voraktionen und Anschlussaktionen verbinden (Anbieten, Täuschen und TA)
– Stets auf dynamische aber korrekte Abläufe achten
– Im Detail arbeiten mit Video-Analysen (Tablet usw.) mit aktiver Spielereinbindung

FUSSBALLSPIELEN MIT SCHWERPUNKTEN UND FREIES SPIELEN

– Spaß und Freude am Fußballspielen!
– Fördern von Selbstbewusstsein und Persönlichkeit durch Anerkennung individueller Leistungen
– Taktikschwerpunkte:
    – Schnelles Umschalten und Schnelligkeit im Spiel
    – Herausspielen/Verwerten von Torchancen
    – Spielaufbau
    – Aktives Verteidigen in Pressingzonen
– Vertiefen der positionsspezifischen Aufgaben im funktionierenden Teamverband
– Gruppen- und mannschaftstaktische Schulung durch Spielformen in 6:6 bis 9:9

PRAXISTIPPS

– Spielorganisation und Zusatzregeln, Hervorheben des Taktikschwerpunkts
– Spieler regelmäßig mit positionsspezifischen Aufgaben konfrontieren
– Keine starren Automatismen
– Aktiv in geeigneten Situationen coachen
– In spielidentischen Zonen trainieren

A-JUNIOREN (U18/U19)

 **TECHNIK**

> – Schnelle Techniken, hohes Tempo, Beidfüßigkeit und Spielübersicht
> – Intensivere positionsspezifische Technikschulung
> – So elementar wie nötig und so komplex wie möglich

FINTIEREN

- Tip-Tap, Wischer, Matthews, Übersteiger, Ronaldo, Rivelino, Torschussfinte, Zidane, Schere, Sohlenzieher
- Freilaufbewegungen und Täuschungsbewegungen
- Gegner im Rücken: Schieber, Pirouette, Eindrehen
- Gegner seitlich: Lokomotive, Torschussfinte
- Doppelfinten und mehrfache Fintenkombinationen

DRIBBELN

- Ballführung mit der Innen- und Außenseite, dem Spann und der Sohle
- Richtungsänderung, Abkappen mit der Innenseite, der Außenseite und der Sohle
- Dribbling im engen Raum: Ballsicherung mit der Innenseite, der Außenseite und der Sohle
- Spielübersicht (Radarblick 360°-Orientierung)
- Raumüberwindendes Tempodribbling mit dem Voll- und Außenspann
- Tempowechsel beim Dribbling mit der Innen- und Außenseite sowie mit dem Voll- und Außenspann, gegnerüberwindendes Dribbling

SCHUSSTECHNIKEN

- Torabschluss mit dem Vollspann, der Innenseite und dem Innenspann
- Torabschluss mit dem Außenspann
- Volley (Innenseite, Vollspann), Dropkick (Voll- und Außenspann)
- Spitzkick über kurze Distanz
- Hüftdrehstoß, Flugkopfball
- Fallrückzieher

PASSTECHNIKEN

- Passen mit der Innenseite und dem Vollspann im Stand und aus der Bewegung, kurze Passdistanz
- Kurzpass mit dem Innenspann und der Außenseite
- Passen mit dem Innen-, Voll- und Außenspann flach über längere Distanz
- Flankentechnik: hoher Ball mit dem Innenspann über lange Distanz
- Flugballtechnik: mit dem schrägen Vollspann über lange Distanz
- mit dem Außenspann über lange Distanz als Flanke oder Zuspiel
- Druckpass spielen können/sich trauen

FRÜHEINSTIEG   ERLERNEN   STABILISIEREN   AUTOMATISIEREN   VERFEINERN

BALLANNAHME/BALLMITNAHME

- Ballannahme: Nach flachem Zuspiel totstoppen, und mit der Innen- und Außenseite sowie der Sohle kontrollieren
- Ballmitnahme: Nach flachem Zuspiel mit der Innenseite über das Standbein und der Außenseite
- Ballmitnahme: Mit der Innenseite über das Spielbein (offene Stellung mit Schulterblick)
- Ballannahme: Halbhoher/hoher Ball mit der Innenseite, der Außenseite, dem Oberschenkel, dem Vollspann, der Brust und dem Kopf
- Ballmitnahme: Hoher Ball mit der Innenseite, der Außenseite und dem Vollspann
- Ballmitnahme: Halbhoher/hoher Ball mit dem Oberschenkel, der Brust und dem Kopf

KOPFBALLTRAINING

- Gerader und schräger Kopfball im Stand nach einem Zuwurf (geradeaus)
- Gerader und schräger Kopfball nach einer Flanke oder einem Flugball aus der Laufbewegung und aus dem Sprung einbeinig und beidbeinig
- Flugkopfball

1   2   3   4

FRÜHEINSTIEG   ERLERNEN   STABILISIEREN   AUTOMATISIEREN   VERFEINERN

TORWARTSPIEL

LERNZIELE ZIELVERTEIDIGUNG

Situationsgemäßes Anwenden der Torwarttechniken bei Torabschluss:

④ Techniken: Auftaktbewegung in die Grundstellung, Bewegung zum Ball, Fangen und Ablenken, Falltechnik Abtauchen und Abkippen, Aufstehen, Fußabwehr, Ablauf zum weiter entfernten Ball, Schrittfolge und Übergreifen

Stellungsspiel beim Torabschluss:

④ Verhaltensweise bei Bällen aus unterschiedlichen Distanzen und wechselnden Zonen
Verhalten in den Torwartzonen (Nahdistanz): Standzone, Stütz- und Kippzone
Verhalten in der Abdruckzone
Torwartverhalten bei Zonenwechsel, Unterschied Nah- und Fernschuss

Lösen von 1-gegen-Torwart-Situation im Strafraum:

③ Automatisieren und Anwenden des Erlernten gegen Dribbler mit Zonenwechseln und variablem Angreiferverhalten: Fuß-, Beinabwehr und Block, schnelles Verkürzen der Distanz zum Angreifer, rechtzeitig in die Grundstellung

LERNZIELE RAUMVERTEIDIGUNG

Strafraumspiel bei hohen Flugbällen:

③ Variables Anwenden bei Abfangen von hohen Bällen in Spiel- und Wettkampfsituationen, Schrittfolge, Festigen der Technik Fausten

Verhalten bei Standards:

③ Schnelles und sicheres Stellungsspiel, souveräne Organisation der Abwehr (Mauerbildung)

Antizipierendes Mitspielen:

③ Vorausschauendes und souveränes Agieren in Spiel- und Wettkampfsituationen

Unterstützung bei Organisation der Abwehr:

② Richtiges Erkennen komplexer Spielsituationen, konkrete und schnelle Organisationshilfen v.a. beim Umschaltspiel

LERNZIELE OFFENSIVSPIEL

Variable Verfügbarkeit der Fußtechniken:

④ Abschlag: Dropkick und Volley, Abstoß: Spannstoß als Flugball
Rückpass: erster Kontakt, Ballmitnahme, Beidfüßigkeit,
③ Automatisieren des Hüftdrehstoßes

Variable Verfügbarkeit der Zuroll- und Abwurftechniken:

④ Gezielter Abwurf: Schleuderwurf über Kopf (Beidseitigkeit)

Antizipierendes Mitspielen:

③ Anwendung im Spiel und Wettkampfsituationen

FRÜHEINSTIEG   ERLERNEN   STABILISIEREN   AUTOMATISIEREN   VERFEINERN

KOORDINATION

- Intensive Koordinationsschulung: Vielseitig, variationsreich und herausfordernd gestalten
- Koordinative Aufgaben mit Techniktraining verknüpfen
- Lauf-ABC nicht als einziges Koordinationstraining betrachten!

- Gleichgewichtsfähigkeit: Motivierendes, engagiertes und robustes Kraftmessen (Storchenkampf, Aufrichten, Abschlagen, aus dem Feld ziehen)
- Reaktionsfähigkeit: Reagieren auf v.a. optische Signale in Kombination mit Dribbeln, Fintieren, Torabschluss
- Rhythmisierungsfähigkeit: Koordinationsleiter (1/2/3 Kontakte pro Feld, 2 nach vorne 1 zurück, Finten und deren Kombination, usw.)
- Kopplungsfähigkeit: Vorgeschaltete Aktionen (Torabschluss, Passen, Spiel 4:4 usw.) mit Anschlussaktion verbinden (1:1, 2:2, doppelter Torabschluss, usw.)
- Umstellungsfähigkeit: Schnelle Anpassung der geplanten Aktion an die veränderte Situation (Ballverlust, abgefälschter Ball), Spieler müssen in kürzester Zeit viele Informationen verarbeiten
- Differenzierungsfähigkeit: Bewegungen mit und ohne Ball richtig timen (Ballgefühl)
- Orientierungsfähigkeit: Spielfeld und Spielübersicht, Veränderungen der Spielsituation schnell erkennen, sich orientieren bei Veränderung der eigenen Körperposition im Raum

93

FRÜHEINSTIEG   1 ERLERNEN   2 STABILISIEREN   3 AUTOMATISIEREN   4 VERFEINERN

KONDITION

SCHNELLIGKEIT

Kognitive Schnelligkeit – Im Kopf schnell sein
- Wahrnehmungsschnelligkeit: Komplexere Situationen (mehrere Bälle, Aufgaben, Torziele, Mannschaften)
- Entscheidungsschnelligkeit: Aus mehreren Optionen eine möglichst optimale, schnell auswählen

Aktionsschnelligkeit – mit und ohne Ball schnell sein
- Staffelwettbewerbe, Slalomlauf (Fördern des schnellen geschickten Laufens)
- Freilaufen im engen Raum (kurze Distanzen, zyklischer und azyklischer Art)
- Finten mit plötzlichem Tempowechsel um Gegner zu überwinden
- Das Ablaufen und Erobern des Balles in der Defensive
- Tempodribbling und schnelles Anspielen der Mitspieler (Kontersituationen)

PRAXISTIPPS
- Immer auf ein gutes Aufwärmen achten und genügend aktive Pausen
- Wettbewerbscharakter der Übungen (Wettläufe zum Ball mit einer Anschlussaktion)
- Positionstypische Distanzen wählen (z.B. ein 6er läuft 5m-Strecke jeweils vier Sprints mal fünf Serien – Außenspieler 10m-Strecke jeweils drei Sprints mal drei Serien)
- Aktion startet meistens aus der Bewegung (spielnah trainieren)
- Die Spieler in kürzester Zeit immer wieder in neue Spielsituationen bringen

---

KRAFT
- Funktionsprogramm im Rahmen des Tonisierens: Ein kurzes Stabi- und Beweglichkeits-Programm fokussiert auf Rumpfmuskulatur

---

PRAXISTIPPS
- Die Spieler zu Programmen in Eigenregie auffordern
- Qualität vor Quantität
- Weniger isolierte Muskeln trainieren, sondern Übungen wählen, bei denen mehrere Muskeln, Gelenke und Bänder beteiligt sind

---

BEWEGLICHKEIT

– Dynamische Mobilisierungsübungen der einseitig beanspruchten Muskeln
  und deren Gegenspielern
– Bewegungen mit Krafteinsatz (z.B. Hüfte nach außen drehen, Ausfallschritt nach vorne
  oder seitlich)
– Mobilisationsübungen der Wirbelsäule durchführen (Rotation, Streckung, Beugung)

PRAXISTIPPS

– Gehaltenes Dehnen/Stretching vor schnellen, kräftigen Bewegungen mindert die folgende
  Leistungsfähigkeit und steigert die Verletzungsgefahr
– Mobilisationsübungen der Wirbelsäule ohne Schwung und kontrolliert durchführen
– Mix an Aufgaben zur Verbesserung von (Ganzkörper-)Kraft, Beweglichkeit und Koordination
– Individuelle Ausrichtung auf muskuläre Anforderungen/Schwachpunkte der Spieler

---

AUSDAUER

– Variantenreiche Läufe: Neue, variantenreiche Laufwege, statt monotone Rundläufe
– Ausdauerparcours (gut mit Technikaufgaben kombinierbar)
– Spezielle Spielformen: Je nach Ziel auf Tore (z.B. Verschieben) oder im Raum
  (z.B. Ballbesitz oder Kombinationsspiel) spielen
– Kombination von Spiel und Lauf (z.B. 6:6 spielen und vier Spieler laufen mit Ball in einem
  Parcours, nach Tor wechseln die Spieler in vorher bestimmter Reihenfolge)

95

PRAXISTIPPS

– In Spielformen durch Regeln/Sanktionen dafür sorgen, dass keiner steht oder geht!
– Intensität durch Spieleranzahl und Feldgröße steuern
– Waldlauf nur im Rahmen einer teambuildenden Maßnahme
– Bewegungsintensive Aufwärmprogramme als weiterer Ausdauerimpuls nutzen
  (Passstationen, Parcours als Kombination mit Technikschulung usw.)
– Bei Parcours und Läufen auf etwa gleich starke Läufergruppen achten

 **TAKTIK**

- Freilaufen: Anspielstationen schaffen, sich anbieten
- Aktives Mitspielen in der Offensive und Defensive: Am Spiel immer aktiv teilnehmen, dem Mitspieler helfen
- Schnelles Umschalten Offensive/Defensive und Defensive/Offensive
- Spielsysteme (4-4-2 flach, 4-4-2 Raute, 4-3-3, 3-er Kette) variabler umsetzen und wechseln

INDIVIDUALTAKTIK OFFENSIVE

Verhalten ohne Ball
- Spielübersicht: Offene Stellung beim Anbieten (spieloffensiv), Spielfeld und Gegenspieler im Blick haben, Vororientierung mit Schulterblick
- Stürmerverhalten:Schräges Kommen aber nicht zu nah (Tiefe halten), den Gegenspieler mit Kontakt decken und kontrollieren
- Freilaufen: Offene/geschlossene Stellung (Vorbereitung auf die Folgeaktion), schräges Kommen, sich gegen Pass-/Laufrichtung bewegen und anbieten
- Passfenster öffnen, mit Laufbewegung den Raum für Passwege öffnen
- Täuschungsbewegungen beim Freilaufen: Kurz kommen/lang gehen,lang gehen/ kurz kommen, links täuschen/rechts laufen usw.

Verhalten am Ball
- Ballabschirmen und behaupten
- Ball klatschen lassen
- Ballmitnahme je nach Spielsituation: Gegen Laufrichtung des Gegenspielers, in den Lauf
- Ballannahme: Ball totstoppen und mit dem zweiten Kontakt schnell weiterleiten (z.B. rechts stoppen, links passen)
- Gegenspieler schräg andribbeln, ihn zum Laufen bringen
- Mit Hilfe von Finten den Gegner auf falschen Fuß locken und ausspielen/abspielen, den Ball in den Lauf oder in den Fuß (gegnerfern beachten) passen (mit einem Pass den Mitspieler führen)

INDIVIDUALTAKTIK DEFENSIVE

Gegner ohne Ball
- Spielübersicht: Abstand zum Gegner haben, überlappend näher zum Tor stehen, Ball in Schnittstelle verhindern, kompakt an nahem Mitspieler sein
- Das Spielgeschehen und Gegner im Blick haben (Schulterblick)
- Das Zuspiel antizipieren, je nach Situation auf Ballgewinn gehen
- Den Ball beobachten und nicht auf Lauffinten und Körpertäuschungen hereinfallen

Gegner am Ball
- Anlaufen und Druck erhöhen, Deckungsschatten nutzen um Bälle in die Tiefe/Schnittstelle zu verhindern, Querpässe provozieren
- Gegner verlangsamen, Zeit gewinnen
- Blick auf Ball lassen, sich nicht von Körperbewegungen täuschen lassen
- Das Tempo des Gegenspielers aufnehmen können, sich leichtfüßig auf den Fußballen bewegen, Fußspitzen mit Tendenz in die Laufrichtung
- Innere Linie zumachen, direkte Torgefahr verhindern
- Gegner lenken: Auf seine schwache Seite, auf meine starke Seite, zu meinem Mitspieler, nach außen
- Balleroberungstechniken: Gegner ablaufen, Körper zwischen Ball und Gegner
- Gegner mit dem Rücken zum Tor: Nicht drehen lassen, nicht immer auf Ballgewinn gehen, halber Arm Abstand mit tiefem Körperschwerpunkt

GRUPPENTAKTIK OFFENSIVE

Gleichzahl
- Mutig sein und agieren
- 1:1 Situation suchen und damit Gegner binden
- Kombinationsspiel nutzen (Doppelpass, Hinterlaufen, Spiel über den Dritten, direktes Spiel)

Überzahl
- Gegner gezielt andribbeln, damit binden um freien Mitspieler anzuspielen
- Wenig Pässe wie möglich (Zeitverlust)

Unterzahl
- Ball sichern/behaupten
- Auf Unterstützung warten oder mutig alleine probieren
- Gedankenvorsprung ausnutzen

Zusammenspiel Mittelfeld und Sturm
- Doppelpass im Zentrum und Doppelpass am Flügel
- Spiel über den Dritten
- Hinterlaufen
- Tief-Klatsch Passfolge und Laufverhalten
- Übergabe-Übernahme

Stürmerverhalten vorm Tor
- Raumaufteilung und Besetzung der wichtigen Räume: 1., 2. Pfosten, Tormitte und Rückraum
- Kreuzen der Stürmer: Ballnaher Spieler beginnt die Kreuzbewegung

Standards
- Einwurf: Eigene Hälfte, Mittelfeld, gegnerische Hälfte
- Eckballvarianten
- Freistoßvarianten

GRUPPENTAKTIK DEFENSIVE

Gleichzahl
- Druck auf den Ball
- Attackierenden Mitspieler absichern
- Gegner ohne Ball im Auge

Überzahl
- Aktiv den Ball erobern wollen
- Der tornahe Spieler agiert vorsichtig, sichert ab

Unterzahl
- Zeit gewinnen
- Sich fallen lassen
- Aus Unterzahl mit geschicktem Anlaufen Gleichzahl schaffen

Ballorientiertes Spiel
- Verschieben und Kommunizieren
- Absichern
- Doppeln
- Gegenspieler übergeben – übernehmen

Standards – Freistoß und Eckball
- Manndeckung
- Raumdeckung

MANNSCHAFTSTAKTIK OFFENSIVE

Spielaufbau
- Blank spielen eines Außenverteidigers
- Situativ aus der 3er Kette mit fallendem 6er
- Hochstehende Außenverteidiger
- Sturmlinie mit 3-4 Spielern besetzen
- Spielverlagerung

Freistoß und Eckball
- Kurz spielen
- Ball auf ersten oder zweiten Pfosten

MANNSCHAFTSTAKTIK DEFENSIVE

Ballorientiertes Spiel
- Verteidigungshöhe
- Verschieben, Räume eng machen
- Passwege zumachen
- Überzahl schaffen
- Abseits nutzen

Pressing
- Angriffspressing
- Mittelfeldpressing
- Abwehrpressing

Eckball
- Manndeckung, Raumdeckung
- Grundordnung, Pfostenbesetzung

Freistoß
- Manndeckung, Raumdeckung
- Höhe der Verteidigung

A-JUNIOREN (U18/U19)

ÜBERBLICK DER TRAININGSINHALTE

Technik

- Schnelle Techniken
- Positionsspezifische Techniken
- Möglichst komplex

Torwart

- Verfeinern erlernter Techniken
- Stellungsspiel automatisieren

Koordination

- Intensives Koordinationstraining
- Mit Techniktraining verknüpfen

Kondition

- Kognitive Schnelligkeit und Aktionsschnelligkeit
- Schnelle Variation neuer Spielsituationen
- Ganzkörper-Stabilitätsübungen

Taktik

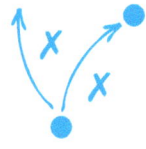

- Variable Spielsysteme
- Mann- und Raumdeckung bei Standards
- Erlerntes automatisieren und vertiefen

6. NOTIZEN

_____

_____

_____

_____

_____

_____

_____

_____

_____

_____

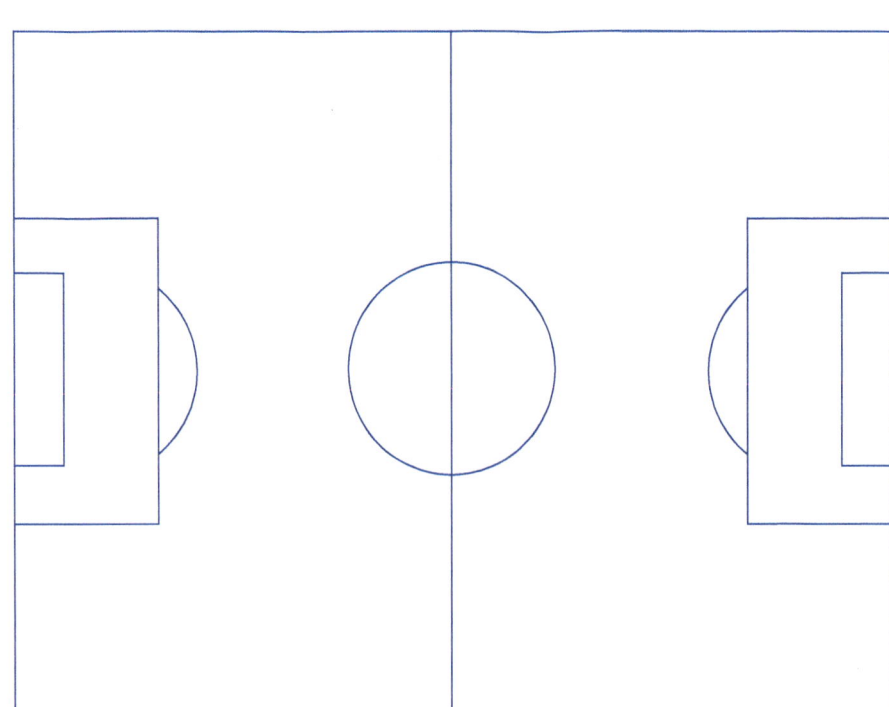

7. QUELLEN UND LESEEMPFEHLUNGEN

Die größte und wichtigste Quelle für die Erstellung des Leitfadens Jugendfußball waren das Wissen und die Erfahrung unserer Mitarbeiter sowie unserer Trainerinnen und Trainer. Wir stützen uns nicht nur auf über 20 Jahre erfolgreiche Jugendsportförderung, sondern auch auf die Erfahrungen, die unsere Mitarbeiter als Spieler, Trainer oder als Sportmanager gesammelt haben.

Unser Wissen wurde darüber hinaus durch Fachliteratur bereichert. Wir wollen nicht den Anspruch erheben, dass unser Leitfaden Jugendfußball allein unser Werk ist, sondern verweisen stattdessen auf andere lohnende Leseempfehlungen:

1. **Kinderfußball:** Ausbilden mit Konzept 1, G-Juniorens, F- und E-Junioren, Paul Schomann /Gerd Bode / Norbert Vieth, 2014.

2. **Kinder- und Jugendfußball:** Ausbilden mit Konzept 2, D- und C-Junioren, Jörg Daniel, Kathrin Peter, Norbert Vieth, 2014.

3. **Jugendfußball:** Ausbilden mit Konzept 3, B- und A-Junioren, Frank Engel, Michael Prus, Norbert Vieth, 2016.

4. **Verteidigen mit System, Leistungsfußball,** Ralf Peter, Arne Barez, 2014.

5. **Angreifen mit System, Leistungsfußball,** Ralf Peter, Arne Barez, 2016.

6. **Leitfaden Torwartspiel, U-Nationalmannschaften weiblicher und männlicher Bereich,** Klaus Thomforde, Michael Fuchs, Marc Ziegler, Silke Rottenberg.

7. **Trainer,** Deutscher Fußball-Bund e.V. (DFB), https://www.dfb.de/trainer/ (Stand: 07/2019)

8. KURZVORSTELLUNG DER HERAUSGEBER

MATTHIAS BORN

geb. 9.3.1972

Dipl. Betriebswirt
Fußballtrainer – Uefa A-Licence

- Über 40 Jahre Erfahrung im Sport/ Fußball u.a. als Spieler, Trainer, Mitarbeiter im Verein, Funktionär
- Spieler u.a. bei Bayern München Amateure und TSG Hoffenheim
- 2004-2009 Leiter Nachwuchsleistungs- zentrum TSG Hoffenheim
- Seit 2009 in der Vereinsführung von Anpfiff ins Leben mit dem Schwerpunkt Sport
- 2004-2012 Erfahrung als Jugendtrainer U6-U19
- Seit 2014 Cheftrainer des Herren Fußball-Regionalligisten FC-Astoria Walldorf

MARKUS GABER

geb. 14.12.81

Sportfachwirt
Fußballtrainer – Uefa B+-Licence

- Erfahrung als Jugendtrainer U8-U12, Fördertraining U14-U18
- 2003-2009 Mitarbeiter Schule/Beruf/ Soziales Jugendförderzentrum FC Astoria Walldorf und TSG Hoffenheim
- Seit 2009 Bereichsleitung Sport bei Anpfiff ins Leben
- Seit 2010 Trainer der integrative Fußballmannschaft des FC-Astoria Walldorf

JIRI JUNG

geb. 17.10.1975

M.A. Sportwissenschaft
Fußballtrainer – Uefa A-Licence

- 2012-1018 DFB Stützpunkt Trainer für U11-U14
- 2012-2018 Trainer BadFV Auswahl U14
- 2012-heute Ausbilder UEFA C Lizenz bei BadFV
- Seit 2017 als Trainermentor bei Anpfiff ins Leben für U6-U14 tätig

HANNES HEIST

geb. 30.09.1987

Bachelor of Science Sportwissenschaft
Master of Science Sportwissenschaft
C-Lizenz Leistungssport

- Erfahrung als Jugendtrainer U6-U11
- Seit 2017 bei Anpfiff ins Leben im Bereich Sport tätig

IMPRESSUM

Herausgeber:
Anpfiff ins Leben e.V.
Hauptgeschäftsstelle Walldorf
Schwetzinger Straße 92b
69190 Walldorf
www.anpfiffinsleben.de

Verantwortlich für den Inhalt:
Matthias Born

Projektverantwortung:
Jiri Jung

Projektmitarbeit:
Matthias Born, Markus Gaber, Jiri Jung,
Christoph Holzenkamp, Simone Born, Hannes
Heist, Marcus Zegowitz, Tabea Finke, Rick Wulle

Fotos:
Simon Hofmann, Ina Gäde,
Anpfiff ins Leben

Layout, Design und Realisierung:
ServiceDesign GmbH, Heidelberg

Erschienen:
08/2024 (4. Auflage)

**Ermöglicht durch die Unterstützung
der Dietmar Hopp Stiftung**

Verlag:
BoD · Books on Demand GmbH,
In de Tarpen 42, 22848 Norderstedt

Druck:
Libri Plureos GmbH, Friedensallee 273,
22763 Hamburg

ISBN:
978-3-7597-7926-7

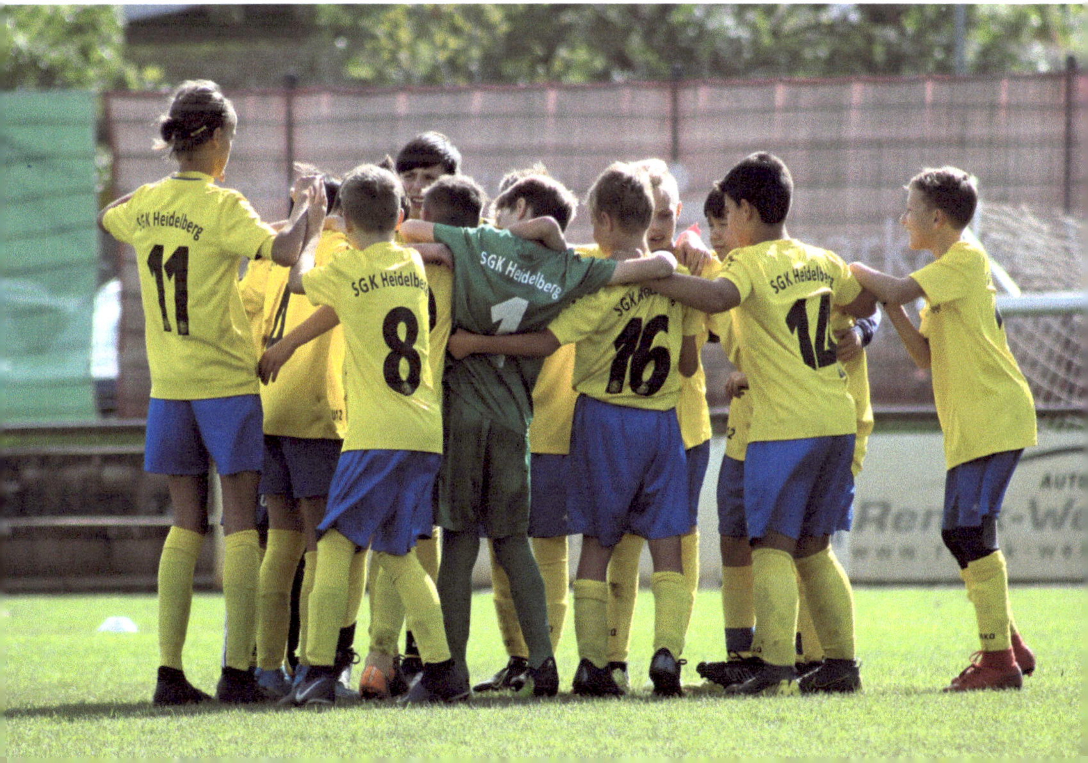